Litora

Begleitgrammatik

Lehrgang für den spät beginnenden Lateinunterricht

von Ursula Blank-Sangmeister und Hubert Müller

Vandenhoeck & Ruprecht

Bibliografische Information Der Deutschen Bibliothek

Die Deutsche Bibliothek verzeichnet diese Publikation in der
Deutschen Nationalbibliografie; detaillierte bibliografische Daten sind
im Internet über <http://dnb.ddb.de> abrufbar.

ISBN 978-3-525-71752-3

Weitere Ausgaben und Online-Angebote sind erhältlich unter: www.v-r.de

Redaktion: Jutta Schweigert, Göttingen
Konzept und Gestaltung: Markus Eidt, Göttingen
Einbandgestaltung: Groothuis, Lohfert, Consorten, Hamburg
Satz: Dörlemann Satz, Lemförde
Druck und Bindung: Hubert & Co GmbH & Co. KG, Robert-Bosch-Breite 6, 37079 Göttingen

Gedruckt auf chlorfrei gebleichtem Papier.

Inhalt

Lektion 5

Lektion 6

Lektion 7

Lektion 8

Lektion 16

Lektion 17

Lektion 18

Lektion 19

Lektion 20

Zur Sprache und Schrift

Die Aussprache der lateinischen Sprache unterlag vielen Einflüssen und Moden. Für die Zeit von 100 v. bis 100 n. Chr. gelten im Wesentlichen die folgenden Regeln:

§ 1   Ausspracheregeln

Grundsätzlich wird Latein so ausgesprochen, wie es geschrieben wird, allerdings wird

– c wie k gesprochen (discipulus also diskipulus);
– i wie j, wenn es vor einem Vokal steht (iam also jam);
– s immer stimmlos (statiō also s-tatiō, nicht: schtatiō; spēs also s-pēs, nicht schpēs; sch also s-chola, nicht schola);
– u wie w, wenn es vor einem Vokal steht (Suēbī also S-wēbī);
– v wie w (Venus).

Doppelvokale (Diphthonge) wurden ab dem 2. Jh. n. Chr. zusammen gesprochen: Caesar (Käsar), proelium (prölium) (zuvor Kaisar; proilium). Sie werden getrennt gesprochen, wenn der zweite Vokal zur Kasusendung gehört: de-us.

§ 2   Silbenlänge (Quantität)

Silben sind lang:
– wenn sie einen Vokal enthalten, der von Natur aus lang ist (Naturlänge): Rōma, dīcere
– wenn sie Doppelvokale (Diphthonge) enthalten: Caesar, proelium, paulātim
– wenn auf einen kurzen Vokal zwei oder mehr Konsonanten folgen (Positionslänge): fenestra, victor.

§ 3 Betonung

Betont wird in zweisilbigen Wörtern die vorletzte Silbe: Rṓma, déus. In drei-
oder mehrsilbigen Wörtern wird die vorletzte Silbe betont, wenn sie einen
langen Vokal oder einen kurzen, auf den zwei Konsonanten folgen, enthält:
Rōmā́nus, perficiúntur. Andernfalls wird die drittletzte Silbe betont: ínsula,
ágere.
Die Endsilbe wird nie betont, also: láudō, láudās, láudat.

§ 4 Wortarten

Die kleinste Einheit eines Satzes ist das Wort. Folgende Wortarten lassen sich
unterscheiden:

		Latein	Deutsch
Verb	Zeit-, Tätigkeitswort	legere	lesen
Substantiv	Haupt-, Namenwort	discipulus	Schüler
Adjektiv	Eigenschaftswort	māgnus	groß
Pronomen	Fürwort; Stellvertreter	(eam *Akkusativ Singular feminin*)	(sie)
Artikel	Geschlechtswort	–	der, die, das (bestimmt) ein, eine, ein (unbestimmt)
Adverb	Umstandswort	saepe	oft
Konjunktion[1]	Bindewort	et; autem; nam	und; aber; denn
Subjunktion[2]	unterordnendes Bindewort	quod	da, weil; dass

Die Wortarten Substantiv, Adjektiv und Pronomen bilden die Gruppe der
Nōmina (Singular: **Nōmen**). Auch die Eigennamen (z.B. Mā́rcus) gehören zu
den Substantiven. Man unterscheidet zwischen veränderlichen und unverän-
derlichen Wörtern. Veränderliche Wörter sind die Nomina und Verben.

---

1 Konjunktionen können einzelne Wörter (z.B. et) oder Hauptsätze (z.B. nam) miteinander verbinden (con-iungere: zusammenbinden).
2 Eine Subjunktion verbindet als Gliedsatzeinleitung Haupt- und Gliedsatz.

Verben werden **konjugiert**, z. B.: Ich lese, du liest, er, sie, es liest, wir lesen usw.
Substantive, Adjektive und Pronomina (Plural von Pronomen) werden **dekliniert**, z. B.: der Schüler, des Schülers, dem Schüler usw.

§ 5   Verb

Infinitiv (Grundform)	lesen		
1. Person Singular	ich lese	1. Person Plural	wir lesen
2. Person Singular	du liest	2. Person Plural	ihr lest
3. Person Singular	er, sie, es liest	3. Person Plural	sie lesen

Anders als im Deutschen kann man im Lateinischen allein an der (Personal-) Endung des Verbs ablesen, wer (oder was) etwas tut oder ist:

salūta-**t**	er, sie, es grüßt
stude-**t**	er, sie, es bemüht sich
legi-**t**	er, sie, es liest
audi-**t**	er, sie, es hört
es-**t**	er, sie, es ist

Die Personalendung **-t** bezeichnet also eine **3. Person Singular**.
Den **Infinitiv** erkennt man fast immer an der Endung **-re**:

salūtā-**re**	grüßen
studē-**re**	sich bemühen
lege-**re**	lesen
audī-**re**	hören

Ausnahme:

esse	sein

Die Verben gehören, je nachdem, welcher Vokal vor der Infinitivendung steht, zu verschiedenen Gruppen (**Konjugationen**):

ā-Konjugation	salūtāre	salūtat
	errāre	errat
ē-Konjugation	studēre	studet
	timēre	timet
konsonantische Konjugation	legere	legit
	scrībere	scrībit
ī-Konjugation	audīre	audit
	invenīre	invenit

Die Formen der 3. Person Singular werden gebildet, indem man die Infinitivendung -re durch die Personalendung -t ersetzt.

Bei der konsonantischen Konjugation ist vor der Infinitivendung ein kurzes
-e- eingefügt, das nicht zum Stamm des Wortes gehört. Dieser endet auf einen
Konsonanten (in unseren Beispielen -g- bzw. -b-). Der Vokal, ein so genannter
Bindevokal, ist eingefügt, da sich der Infinitiv so besser aussprechen lässt. In der
3. Person Singular steht zwischen dem Verbstamm und der Personalendung als
unbetonter **Bindevokal** ein -i-:

leg-i-t, scrīb-i-t.

§ 6   Substantiv

1. Artikel

Im Lateinischen gibt es keinen Artikel. Bei der Übersetzung ins Deutsche muss
man daher aus dem Zusammenhang entscheiden, ob ein bestimmter, ein unbe-
stimmter oder gar kein Artikel ergänzt werden muss.

Mārcus fābulam recitat.   Marcus liest eine/die Geschichte vor.

Im Deutschen steht der bestimmte Artikel üblicherweise nur dann, wenn von
dem fraglichen Wort (hier: Geschichte) bereits die Rede war.

Mārcus fābulam scrībit.   Marcus schreibt eine Geschichte.
Fābulam recitat.   Er liest die/seine Geschichte vor.

Manchmal kann wie hier bei der Übersetzung statt des Artikels auch ein Possessivpronomen (besitzanzeigendes Fürwort) eingesetzt werden. Die jeweils
passende Übersetzung stellt bereits eine erste Deutung, eine Interpretation des
lateinischen Textes dar.

2. Genus

Im Deutschen erkennt man am Nominativ Singular des bestimmten Artikels
das Genus (Geschlecht) des Substantivs:

der Junge	männlich	**maskulin (m.)**
die Mutter	weiblich	**feminin (f.)**
das Buch	sächlich	**Neutrum** (= keins von beiden) **(n.)**

Im Lateinischen, das keinen Artikel hat, zeigt in der Regel der Wortausgang das Genus des Substantivs an:

discipul**us**	us: maskulin
err**or**	or: maskulin
fābul**a**	a: feminin

Das Genus der lateinischen und deutschen Wörter muss nicht übereinstimmen. Daher muss das Genus immer mitgelernt werden:

| timor **m.** | die Furcht, die Angst (f.) |

3. Bestimmung eines Substantivs

Ein Substantiv kommt nicht immer in der Grundform vor, sondern kann dekliniert werden. In welchem **Kasus** (Fall) das Wort steht, lässt sich durch eine entsprechende Frage erschließen:

1. Fall	Wer/Was?	Nominativ Singular: der Schüler	Nominativ Plural: die Schüler
2. Fall	Wessen?	Genitiv Singular: des Schülers	Genitiv Plural: der Schüler
3. Fall	Wem?	Dativ Singular: dem Schüler	Dativ Plural: den Schülern
4. Fall	Wen/Was?	Akkusativ Singular: den Schüler	Akkusativ Plural: die Schüler

Um herauszufinden, in welchem Kasus z. B. der Ausdruck »den Lehrerinnen« steht, muss man ausprobieren, auf welches Interrogativpronomen (Fragewort) die Antwort »den Lehrerinnen« folgt. Bei Einzelwörtern ohne Satzzusammenhang ist es egal, welche Frage man stellt, sie muss – hier – nur mit »Wem?« beginnen:

Wem geht es gut/schreibst du einen Brief/gehören die Bücher?
                                    – Den Lehrerinnen.

»Den Lehrerinnen« ist also **Dativ**. Da es sich bei »den Lehrerinnen« außerdem um mehrere Personen handelt, steht der Ausdruck im **Plural**.
Nimmt man nun noch das Genus hinzu, lässt sich die Form vollständig bestimmen:
Den Lehrerinnen = Dativ Plural feminin (Dat. Pl. f.).

Nicht alle Formen sind eindeutig. So kann »die Römerinnen« beispielsweise Nominativ oder Akkusativ Plural f. sein; denn man kann fragen:

| Wer fand blonde Haare schick? | – Die Römerinnen. (= Nominativ) |
| Wen beschreibt der Autor? | – Die Römerinnen. (= Akkusativ) |

Innerhalb eines Satzes gibt es jedoch in der Regel nur eine Möglichkeit (hier muss man außerdem aus dem vorliegenden Satz eine Frage bilden):

Die Römerinnen konnten kein öffentliches Amt bekleiden.

Hier ist nur die Frage »Wer konnte kein öffentliches Amt bekleiden?« möglich. In diesem Beispiel ist »Die Römerinnen« also Nominativ.

> Ein Substantiv wird nach **Kasus**, **Numerus** (Anzahl = Oberbegriff für Singular und Plural) und **Genus (KNG)** bestimmt.

§ 7 Nominativ und Akkusativ Singular

Bei den lateinischen Substantiven kann man fast immer an der Endung des Wortes den Kasus und den Numerus erkennen.

fābul-**a**	= Nominativ Singular		fābul-**am**	= Akkusativ Singular
discipul-**us**	= Nominativ Singular		discipul-**um**	= Akkusativ Singular
error	= Nominativ Singular		errōr-**em**	= Akkusativ Singular

Deklinationsklassen

Lateinische Substantive, die gleiche Endungen haben, werden zu Deklinationsklassen zusammengefasst. Innerhalb dieser Gruppen sind die Endungen für die Kasūs (= Plural von Kasus) also identisch.
Oft kann man schon am Nominativ Singular eines Wortes ablesen, zu welcher Deklination es gehört.
Substantive auf -a gehören zur ā-Deklination, solche auf -us zur o-Deklination[1] und die auf -or zur konsonantischen Deklination.

---

1 Im Altlateinischen endeten diese Wörter auf -os, daher der Name »o-Deklination«.

§ 8 Adjektiv

Die bisher bekannten Adjektive haben im Maskulinum die Endungen der o-De-klination und im Femininum die Endungen der ā-Deklination. Man spricht deshalb von den Adjektiven der ā- und o-Deklination.

Maskulinum:

Attic-**us** īrāt-**us**	der zornige Atticus
Attic-**um** īrāt-**um**	den zornigen Atticus

Femininum:

fābul-**a** Graec-**a**	die/eine griechische Geschichte/Fabel
fābul-**am** Graec-**am**	die/eine griechische Geschichte/Fabel

Das Adjektiv kann seine Deklination nicht verlassen; es muss also nicht immer dieselbe Endung haben wie sein Beziehungswort:

māgn-**us** error	der/ein großer Fehler
māgn-**um** errōr-em	den/einen großen Fehler

> **Die Königsregel**
>
> Ein Adjektiv passt sich in **K**asus, **N**umerus und **G**enus = **KöNiG**s-Regel an sein Beziehungswort an, d.h., es steht in KNG-Kongruenz (Kongruenz = Übereinstimmung).

§ 9 Satzglieder/Satzstellen

1. Subjekt und Prädikat

(1)	Fābula dēlectat.	Die Geschichte macht Spaß.
(2)	Mārcus legit.	Marcus liest.
(3)	Timor māgnus est.	Die Angst ist groß.
(4)	Scrībere nōn iuvat.	(Das) Schreiben macht keine Freude.

Jeder dieser Sätze besteht aus mindestens zwei Teilen: einer Person/einer Sa-che, die etwas tut/ist, und einer Aussage über diese Person/Sache.
Die Person/Sache, die etwas tut oder ist, ist das **Subjekt (S)**, die Aussage darü-ber das **Prädikat (P)**.
Welche Rolle **(syntaktische Funktion)** die einzelnen Wörter im Satz haben, lässt sich durch entsprechende Fragen herausfinden:

Frage	Wer/Was tut/ist etwas?	Was wird ausgesagt? Was tut er/sie/es?
Satzglied/Satzstelle	Subjekt/Satzgegenstand	Prädikat/Satzaussage
Beispiele	Fābula Mārcus Timor Scrībere	dēlectat. legit. māgnus est. nōn iuvat.
Zeichen	S	P

Die Satzstelle Subjekt wird in den obigen Beispielen entweder von einem Substantiv oder einem substantivierten Infinitiv gefüllt.
Im lateinischen Satz muss kein ausdrückliches Subjekt stehen, wenn der Zusammenhang klarstellt, wer gemeint ist:

Mārcus legit.   Marcus liest.
Libenter legit.   Er liest gern.

Die Satzstelle Prädikat kann entweder wie in

Fābula dēlectat

durch ein **Vollverb** (dēlectāre) oder wie in

Timor māgnus est

Mārcus discipulus est

durch ein **Hilfsverb** (esse) + Nomen (māgnus; discipulus) als Ergänzung gefüllt sein; diese Ergänzung ist unbedingt nötig, damit der Satz vollständig ist.
Als Satzglied heißt diese Ergänzung **Prädikatsnomen**. Das Hilfsverb als Satzglied nennt man **Kopula** (»Band«). Prädikatsnomen und Kopula bilden zusammen das Prädikat.
Die Verneinung eines Prädikats geschieht mithilfe von nōn; nōn ist hier kein eigenes Satzglied, sondern Bestandteil des Prädikats:

Scrībere nōn iuvat.   Schreiben macht keine Freude.

2. Akkusativobjekt

Mārcus fābulam recitat.   Marcus liest eine Geschichte vor.
                              (Wen/was liest Marcus vor? – Eine Geschichte.)
Quīntus scrībere studet.   Quintus versucht zu schreiben.
                              (Wen/Was versucht Quintus? – Zu schreiben.)

Auf die Frage »Wen/Was?« steht als Satzglied das **Akkusativobjekt (AObj)**.

3. Adverbiale Bestimmung

Quīntus saepe errat.   Quintus macht oft einen Fehler.
Atticus valdē clāmat.   Atticus schreit sehr.

Die Adverbien saepe und valdē beziehen sich auf das Prädikat und bestimmen es näher. Als Satzglied heißt eine solche nähere Erläuterung **adverbiale Bestimmung** (Umstandsbestimmung). Zeichen für dieses Satzglied: **aB**.

Adverbiale Bestimmungen haben unterschiedliche Bedeutungen (unterschiedliche **semantische Funktionen**):

Frage	Auf welche Art und Weise? Wie?	Wann? Wie oft?
Satzglied/ Satzstelle	adverbiale Bestimmung der Art und Weise	adverbiale Bestimmung der Zeit/Häufigkeit
Beispiele	libenter: gern	saepe: oft
Zeichen	aB	aB

4. Attribut

Atticus māgnum errōrem invenit.   Atticus findet einen großen Fehler.

Das Adjektiv māgnum gibt als Attribut (Attr) die Eigenschaft bzw. Beschaffenheit des Fehlers an und antwortet auf die Frage »Was für einen Fehler?« – Einen großen.

5. Satzbaupläne

1. Mārcus legit.   Marcus liest.
   Subjekt   Prädikat

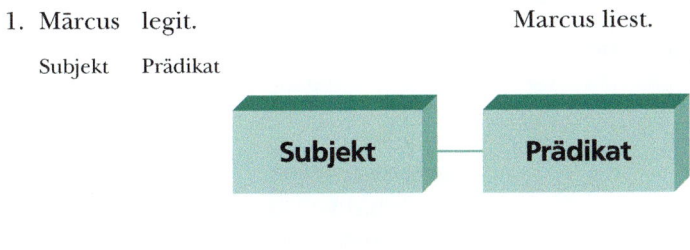

2. Quīntus discipulus   est.   Quintus ist (ein) Schüler.
   Subjekt   Prädikatsnomen   Kopula
              ‾‾‾‾‾‾‾‾‾‾‾‾‾‾‾‾‾‾‾‾‾‾‾‾
                     Prädikat

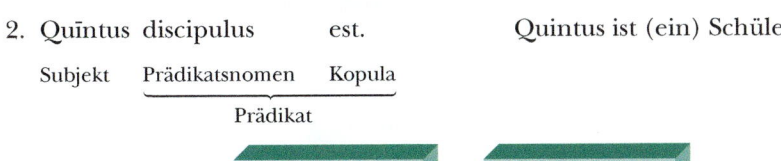

3. Mārcus   fābulam   recitat.   Marcus liest eine Geschichte vor.

   Subjekt   Akkusativobjekt   Prädikat

4. Atticus   valdē   clāmat.   Atticus schreit sehr.

   Subjekt   adv. Best.   Prädikat

5. Atticus   māgnum errōrem   invenit. Atticus findet einen großen Fehler.

   Subjekt   Attribut   Prädikat
           Akkusativobjekt

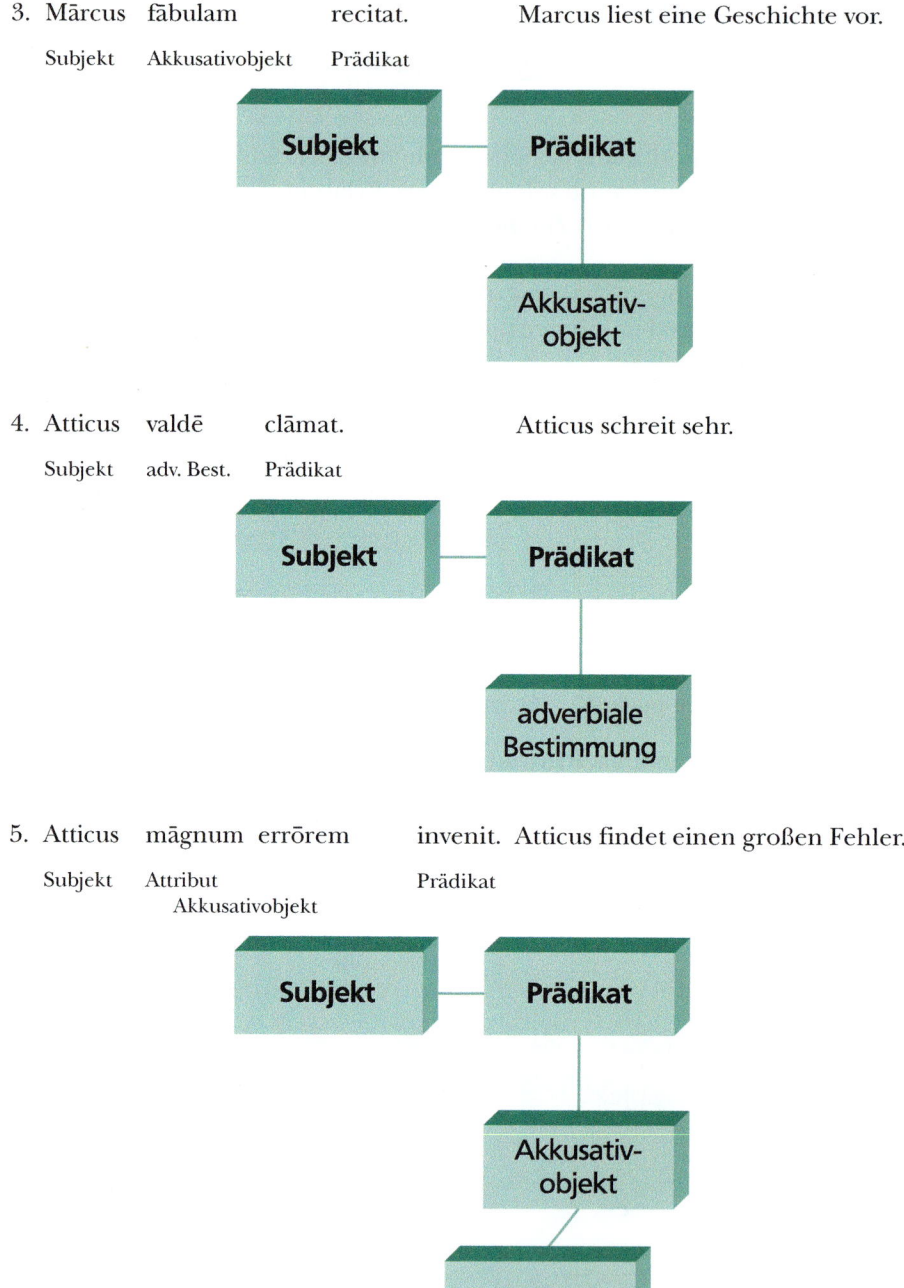

§ 10 Die 3. Person Plural

ā-Konjugation

Infinitiv	laudā-re	
3. Person Singular Präsens Aktiv	lauda-t	
3. Person Plural Präsens Aktiv	lauda-**nt**	sie loben

ē-Konjugation

Infinitiv	timē-re	
3. Person Singular Präsens Aktiv	time-t	
3. Person Plural Präsens Aktiv	time-**nt**	sie fürchten

konsonantische Konjugation

Infinitiv	legere	
3. Person Singular Präsens Aktiv	leg-i-t	
3. Person Plural Präsens Aktiv	leg-u-**nt**	sie lesen

Beachten Sie

Bei der konsonantischen Konjugation steht in der 3. Person Plural zwischen dem Stamm und der Personalendung als Bindevokal ein -u-.

ī-Konjugation

Infinitiv	advenī-re	
3. Person Singular Präsens Aktiv	adveni-t	
3. Person Plural Präsens Aktiv	adveni-u-**nt**	sie kommen an

Beachten Sie

Auch bei der ī-Konjugation steht in der 3. Person Plural zwischen dem Stamm und der Personalendung ein –u-.

unregelmäßige Verben

Infinitiv	esse	
3. Person Singular Präsens Aktiv	es-t	
3. Person Plural Präsens Aktiv	su-**nt**	sie sind

§ 11 Nominativ und Akkusativ Plural

1. Substantive

o-Deklination			
	Singular	Plural	
Nominativ (Wer?/Was?)	amīc-us	amīc-**ī**	die Freunde
Akkusativ (Wen?/Was?)	amīc-um	amīc-**ōs**	die Freunde

ā-Deklination			
	Singular	Plural	
Nominativ (Wer?/Was?)	serv-a	serv-**ae**	die Sklavinnen
Akkusativ (Wen?/Was?)	serv-am	serv-**ās**	die Sklavinnen

konsonantische Deklination			
	Singular	Plural	
Nominativ (Wer?/Was?)	error	errōr-**ēs**	die Fehler
Akkusativ (Wen?/Was?	errōr-em	errōr-**ēs**	die Fehler

2. Adjektive

Die Adjektive der ā- und o-Deklination haben dieselben Endungen wie die Substantive dieser beiden Deklinationen (vgl. Lektion 1, § 7). Also:

	Singular		Plural	
Nominativ	amīc-us bon-us	der gute Freund	amīc-**ī** bon-**ī**	die guten Freunde
Akkusativ	amīc-um bon-um	den guten Freund	amīc-**ōs** bon-**ōs**	die guten Freunde
Nominativ	serv-a bon-a	die gute Sklavin	serv-**ae** bon-**ae**	die guten Sklavinnen
Akkusativ	serv-am bon-am	die gute Sklavin	serv-**ās** bon-**ās**	die guten Sklavinnen

	Singular		Plural	
Nominativ	māgn-us error	der große Fehler	māgn-ī errōr-**ēs**	die großen Fehler
Akkusativ	māgn-um errōr-em	den großen Fehler	māgn-**ōs** errōr-**ēs**	die großen Fehler
Nominativ	uxor content-a	die zufriedene Ehefrau	uxōr-**ēs** content-**ae**	die zufriede-nen Ehefrauen
Akkusativ	uxōr-em content-am	die zufriedene Ehefrau	uxōr-**ēs** content-**ās**	die zufriede-nen Ehefrauen

§ 12 Aufgaben des Akkusativs: adverbiale Bestimmung des Ortes

In Verbindung mit einer Präposition (Verhältniswort) kann der Akkusativ die Satzstelle adverbiale Bestimmung füllen:

Servae	apud piscātōrem	multōs piscēs	ēligunt.	Die Sklavinnen wählen beim Fischhändler viele Fische aus.
Subjekt	adv. Best. (Ort)	Attribut Akkusativobjekt	Prädikat	

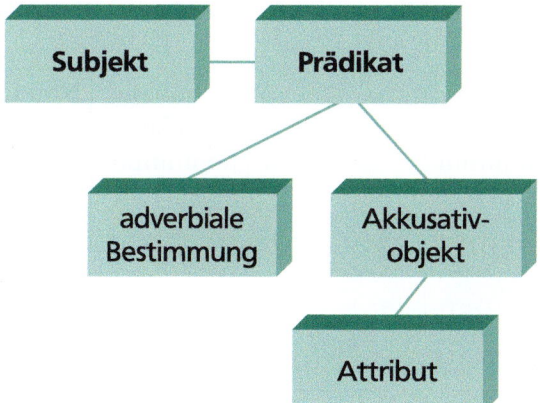

Servae per viās   ambulant.   Die Sklavinnen schlendern durch die Straßen.

Subjekt adv. Best. (Ort) Prädikat

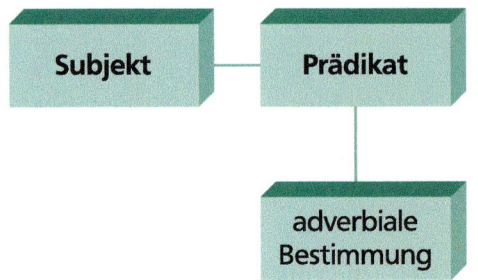

Beachten Sie

Viele lateinische Präpositionen sind immer mit dem Akkusativ verbunden, un-
abhängig davon, wie man fragt,
z. B.: apud mercātōrem – beim Kaufmann

§ 13 Wortart – Wortform – Satzglied

Man muss genau darauf achten, unter welchem Gesichtspunkt ein Wort betrachtet werden soll. Dabei ist zwischen der Wortart, der Wortform und der
Rolle, die das Wort im Satzzusammenhang spielt, deutlich zu unterscheiden.

1.	Sibylla	et	Domitilla	servae	sunt.
Wortart	Substantiv	Konjunktion	Substantiv	Substantiv	(Hilfs-)Verb
Wortform	Nominativ Singular femininum		Nominativ Singular femininum	Nominativ Plural femininum	3. Person Plural
Satzglied	S			Prädikat (P)	
				Prädikats-nomen (PN)	Kopula

2.	Cēnās	parant.
Wortart	Substantiv	Verb
Wortform	Akkusativ Plural femininum	3. Person Plural
Satzglied	Akkusativobjekt (AObj)	Prädikat (P), Subjekt (S)

3.	Hodiē	apud	piscātōrem	multōs	piscēs	ēligunt.
Wortart	Adverb	Präposition	Substantiv	Adjektiv	Substantiv	Verb
Wortform			Akkusativ Singular maskulinum	Akkusativ Plural maskulinum	Akkusativ Plural maskulinum	3. Person Plural
Satzglied	adverbiale Bestimmung (aB) (Zeit)	adverbiale Bestimmung (aB) (Ort)		Attribut (Attr)	Akkusativobjekt (AObj)	Subjekt, Prädikat (S, P)

§ 14 1. und 2. Person Singular und Plural Präsens Aktiv

ag-**ō**	ich tue, handle
audī-**s**	du hörst
invītā-**mus**	wir laden ein
clāmā-**tis**	ihr schreit

Wie man an den Endungen -t und -nt die 3. Person Singular und die 3. Person Plural eines Verbs erkennen kann, so gibt es auch für die anderen Personen eigene Personalendungen. Die Kennzeichen dafür sind:

1. Person Singular:	**-ō**	»ich (xe)«
2. Person Singular:	**-s**	»du (xst)«
3. Person Singular:	**-t**	»er, sie, es (xt)«
1. Person Plural:	**-mus**	»wir (xen)«
2. Person Plural:	**-tis**	»ihr (xt)«
3. Person Plural:	**-nt**	»sie (xen)«

Bei der a-, e- und i-Konjugation werden diese Endungen an den Verbstamm (= Infinitiv minus Infinitivendung -re) angefügt. Damit ergibt sich für das Präsens dieser Verben folgende vollständige Tabelle:

	ā-Konjugation	**ē-Konjugation**
Infinitiv	vocā-re	tacē-re
1. Person Singular	vocō[1]　　　ich rufe	tace-ō　　　ich schweige
2. Person Singular	vocā-s	tacē-s
3. Person Singular	voca-t	tace-t
1. Person Plural	vocā-mus	tacē-mus
2. Person Plural	vocā-tis	tacē-tis
3. Person Plural	voca-nt	tace-nt

---

1 Bei der ā-Konjugation verschmilzt in der 1. Person Singular das -ā des Wortstamms mit der Personalendung -o zu -ō (vocō ist aus vocā-o entstanden).

	ī-Konjugation	konsonantische Konjugation
Infinitiv	audī-re	scrīb-e-re
1. Person Singular 2. Person Singular 3. Person Singular 1. Person Plural 2. Person Plural 3. Person Plural	audi-ō ich höre audī-s audi-t audī-mus audī-tis audi-u-nt	scrīb-ō ich schreibe scrīb-i-s scrīb-i-t scrīb-i-mus scrīb-i-tis scrīb-u-nt

Beachten Sie

Bei den Verben der konsonantischen Konjugation kann nur die Personal-endung der 1. Person Singular unmittelbar an den Wortstamm angefügt wer-den. Bei der 2. Person Singular sowie bei der 1. und 2. Person Plural wird (wie schon bei der 3. Person Singular) ein -i- als Bindevokal eingefügt.

> **Das »Merkwort« für die Personalendungen des Präsens Aktiv lautet:**
>
> »-ō-s-t-mus-tis-nt«.

§ 15 Imperativ (Befehlsform)

Ein Befehl kann sich an eine (»Komm!«) oder mehrere Personen (»Kommt!«) richten. Der Imperativ Singular entspricht (außer bei der konsonantischen Konjugation, wo ein **-e** angefügt wird) dem Wortstamm, den Imperativ Plural erkennt man an der Endung **-te.**

ā-Konjugation:	Imperativ Singular: Imperativ Plural:	vocā! vocā-**te!**	rufe! ruft!
ē-Konjugation:	Imperativ Singular: Imperativ Plural:	tacē! tacē-**te!**	schweig! schweigt!
ī-Konjugation:	Imperativ Singular: Imperativ Plural:	audī! audī-**te!**	hör(e)! hört!
konsonantische Konjugation:	Imperativ Singular: Imperativ Plural:	scrīb-**e!** scrīb-i-**te!**	schreibe! schreibt!

§ 16 Präsens von esse, posse

1. Präsens von esse, »sein«

1. Person Singular	sum	ich bin
2. Person Singular	es	du bist
3. Person Singular	est	er/sie/es ist
1. Person Plural	sumus	wir sind
2. Person Plural	estis	ihr seid
3. Person Plural	sunt	sie sind
Imperativ Singular	es!	sei!
Imperativ Plural	este!	seid!

2. posse, »können«, entstanden aus *potesse[1], hat dieselben Endungen wie esse

1. Person Singular	possum	ich kann
2. Person Singular	potes	
3. Person Singular	potest	
1. Person Plural	possumus	
2. Person Plural	potestis	
3. Person Plural	possunt	

Warum gibt es wohl zu posse keine Imperative?
Versuchen Sie eine Regel abzuleiten, nach welcher der Stamm des Verbs einmal pot- und einmal pos- heißt.

§ 17 Präsens von īre: gehen

1. Person Singular	eō	ich gehe
2. Person Singular	īs	
3. Person Singular	it	
1. Person Plural	īmus	
2. Person Plural	ītis	
3. Person Plural	eunt	
Imperativ Singular	ī	geh(e)!
Imperativ Plural	īte	geht!

---

1 Das Sternchen vor einem lateinischen Wort bedeutet immer, dass es in dieser Form nicht vorkommt.

§ 18 o-Deklination auf (e)r

Zur o-Deklination gehören auch einige Substantive und Adjektive auf –(e)r:

	Singular	Plural
Nominativ	magister der arme Lehrer miser	magistr-ī die armen Lehrer miser-ī
Akkusativ	magistr-um den armen Lehrer miser-um	magistr-ōs die armen Lehrer miser-ōs

§ 19 Vokativ

Cavē, Tite!	Pass auf, Titus!
Valē, Marcia!	Leb wohl, Marcia!
Vōs magistrī!	Ihr Lehrer!

Im Unterschied zum Deutschen hat das Lateinische für die Anrede einen besonderen Kasus, den Vokativ (vocāre: rufen). Normalerweise hat der Vokativ dieselben Endungen wie der Nominativ Singular und Plural, nur in der o-Deklination, und da auch nur im Singular der Nomina auf -us, ist die Anredeform an einer eigenen Endung zu erkennen:

o-Deklination (amīcus)		
Vokativ Singular Vokativ Plural	Salvē, amīc-e! Salvēte, amīc-ī!	Guten Tag, (mein) Freund! Guten Tag, (meine) Freunde!
ā-Deklination (amīca)		
Vokativ Singular Vokativ Plural	Salvē, amīc-a! Salvēte, amīc-ae!	Guten Tag, (liebe) Freundin! Guten Tag, (liebe) Freundinnen!
konsonantische Deklination (mercātor)		
Vokativ Singular Vokativ Plural	Salvē, mercātor! Salvēte, mercātōr-ēs!	Guten Tag, Kaufmann! Guten Tag, ihr Kaufleute!

Ausnahme:
Substantive der o-Deklination auf -ius bilden den Vokativ auf **-ī**:

Salvē, Tiber-ī   (He,/Hallo,) (mein) Tiberius!

§ 20 Personalpronomen

Visitāsne nōs post labōrem?   Besuchst du uns nach der Arbeit?

Auch die Personalpronomina (= persönlichen Fürwörter) ich; du; wir; ihr können dekliniert werden:

	1. Person Singular	2. Person Singular	1. Person Plural	2. Person Plural
Nominativ	egō ich	tū du	nōs wir	vōs ihr
Akkusativ	mē mich	tē dich	nōs uns	vōs euch

Beachten Sie

Im Nominativ steht das Personalpronomen nur, wenn die Person besonders betont werden soll:

Egō labōrō, tū dormīs.   Ich arbeite, du (aber) schläfst.

§ 21 Fragesätze

1. Wort- und Ergänzungsfragen

Quid agis?   Was tust du?
Cūr semper clāmātis?   Warum schreit ihr immer?

Fragen, die durch ein **Interrogativpronomen** (= Fragefürwort) (z. B. quid) oder
durch ein **Frageadverb** (z. B. cūr) eingeleitet werden, nennt man Wort- oder
Ergänzungsfragen.

2. Satzfragen

Andere Fragen beziehen sich auf die Aussage des ganzen Fragesatzes: Man
möchte wissen, ob die gefragte Person zustimmt oder nicht. Im Lateinischen
kann man – wie im Deutschen übrigens auch – durch das Fragewort, die **Fragepartikel**, zeigen, welche Antwort man erwartet.

a) Num Herculēs sum?   Bin ich denn/etwa Herkules?
                                     (– Nein, natürlich nicht.)

Nach num …? wird eine negative Antwort erwartet.

b) Nōnne audīs?   Hörst du nicht?/Du hörst doch?
                                         (– Ja, doch, ich höre.)

Nach nōnne …? rechnet man mit einer Zustimmung.

c) Vīsitāsne nōs post labōrem?   Besuchst du uns nach der Arbeit?

Die angehängte Partikel -ne legt keine bestimmte Antwort nahe. Die fragende
Person hält sowohl die Antwort »ja« als auch die Antwort »nein« für möglich.

Fragepartikel		erwartete Antwort
-ne		ja/nein
num	denn, etwa	nein
nōnne	etwa nicht	doch, ja

§ 22 Neutrum der o-Deklination

Nominativ Singular	tēct-**um**	das Dach	Nominativ Plural	tēct-**a**	die Dächer
Akkusativ Singular	tēct-**um**	das Dach	Akkusativ Plural	tēct-**a**	die Dächer

Für alle Substantive im Neutrum gilt:
Nominativform = Akkusativform
Der Nominativ und Akkusativ Plural haben immer die Endung -a.

!

§ 23 Genitiv

1. Formen

ā-Deklination

Singular		Plural	
serv-**ae**	der Sklavin	serv-**ārum**	der Sklavinnen

o-Deklination (m. und n.)

domin-**ī**	des Herrn	domin-**ōrum**	der Herren
tēct-**ī**	des Dachs	tēct-**ōrum**	der Dächer

konsonantische Deklination

senātōr-**is**	des Senators	senātōr-**um**	der Senatoren

2. Der Genitiv als Satzglied

Auf die Frage »Wessen?« steht der Genitiv. Er kann als **Attribut** (»Beifügung«) ein anderes Satzglied erweitern:

1. Er steht z.B. als (Genitiv-/substantivisches) Attribut zum Subjekt:

Serva dominī labōrat.   Die Sklavin des Herrn arbeitet.

     Attribut   Prädikat
  Subjekt

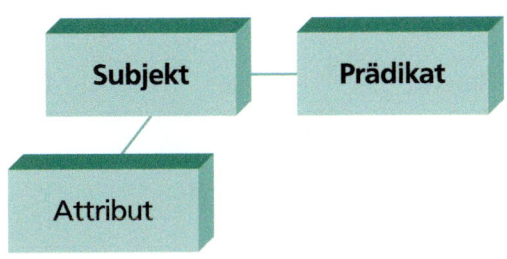

2. ... zum Akkusativobjekt:

Aliī tēcta horreōrum repārant. Andere reparieren die Dächer der Scheunen.
Subjekt   Attribut   Prädikat
     Akkusativobjekt

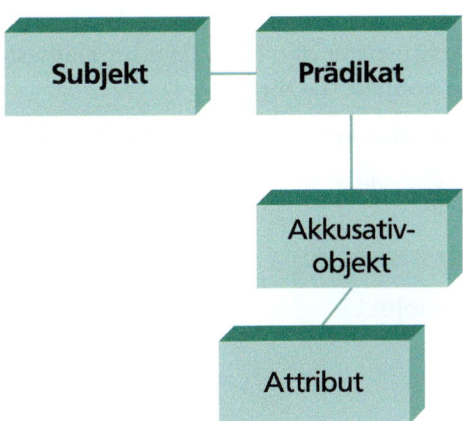

3. Semantische Funktion des Genitivs

Als **genitīvus possessīvus** zeigt er den Besitzer oder die Zugehörigkeit an:

vīlicus Titī   der Verwalter des Titus
vīta senātōrum   das Leben der Senatoren

§ 24 Dativ

1. Formen

ā-Deklination		
Singular		**Plural**
serv-**ae**	der Sklavin	serv-**īs**	den Sklavinnen
o-Deklination (maskulin und Neutrum)		
domin-**ō** tēct-**ō**	dem Herrn dem Dach	domin-**īs** tēct-**īs**	den Herren den Dächern
konsonantische Deklination		
senātōr-**ī**	dem Senator	senātōr-**ibus**	den Senatoren

2. Der Dativ als Satzglied

Vīlicus dominō hortum mōnstrat.   Der Verwalter zeigt seinem Herrn
                                                den Garten.

Auf die Frage »Wem?« antwortet der Dativ. Die im Dativ stehende Ergänzung
zum Prädikat heißt **Dativobjekt (DObj)**.

Vīlicus dominō   hortum mōnstrat.   Der Verwalter zeigt seinem Herrn
                                                 den Garten.
Subjekt Dativobjekt Akkusativ- Prädikat
                    objekt

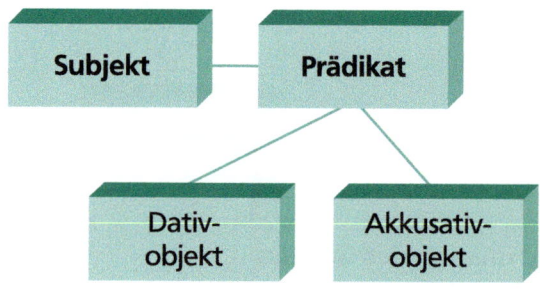

Dāvus	labōribus	dūrīs	par	nōn est.	Davus ist den harten Arbeiten
Subjekt		Attribut	Prädikats- nomen	Kopula	nicht gewachsen.

Dativobjekt   Prädikat

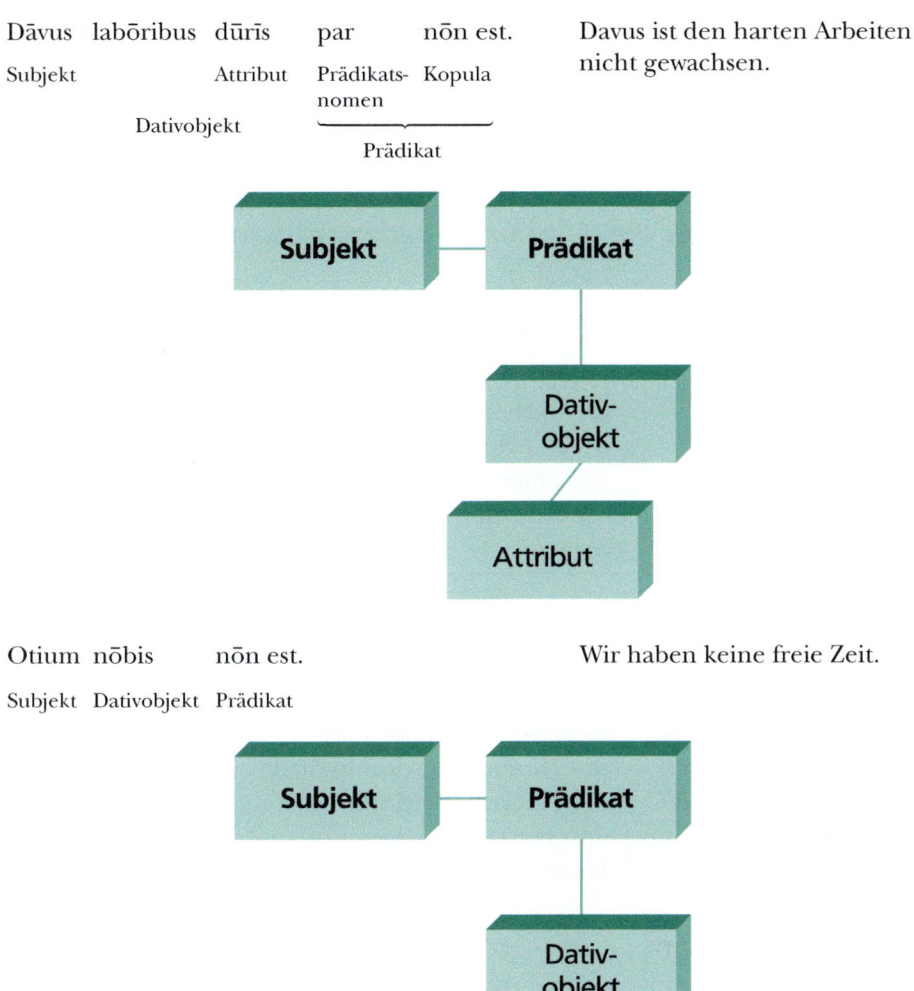

Otium	nōbis	nōn est.	Wir haben keine freie Zeit.
Subjekt	Dativobjekt	Prädikat	

3. Semantische Funktionen des Dativs

1. Der **datīvus commodī** bezeichnet die Person oder Sache, zu deren Vorteil etwas geschieht:

Semper salūtī populī Rōmānī consulimus.   Wir sorgen immer für das Wohl des Volkes.

2. Der **datīvus possessīvus** steht als Ergänzung zu einer Form von esse, das dann nicht mehr als Hilfsverb, sondern als Vollverb gebraucht wird, und gibt den Besitzer an:

Otium nōbis nōn est.   *[1]Freie Zeit ist uns nicht. = Wir haben keine freie Zeit.

In diesen Fällen wird der Dativ als Nominativ und esse mit haben, besitzen übersetzt.

§ 25 Übersicht über die a-, o- und konsonantische Deklination

ā-Deklination

	Singular		Plural	
Nominativ	serv-a	die Sklavin	serv-ae	die Sklavinnen
Genitiv	serv-ae	der Skavin	serv-ārum	der Sklavinnen
Dativ	serv-ae	der Sklavin	serv-īs	den Sklavinnen
Akkusativ	serv-am	die Sklavin	serv-ās	die Sklavinnen
Vokativ	serv-a	Sklavin!	serv-ae	Sklavinnen!

o-Deklination, maskulin

	Singular		Plural	
Nominativ	domin-us	der Herr	domin-ī	die Herren
Genitiv	domin-ī	des Herrn	domin-ōrum	der Herren
Dativ	domin-ō	dem Herrn	domin-īs	den Herren
Akkusativ	domin-um	den Herrn	dominōs	die Herren
Vokativ	domin-e	Herr!	domin-ī	Herren!

o-Deklination, Neutrum

	Singular		Plural	
Nominativ	tēct-um	das Dach	tēct-a	die Dächer
Genitiv	tēct-ī	des Dach(e)s	tēct-ōrum	der Dächer
Dativ	tēct-ō	dem Dach	tēct-īs	den Dächern
Akkusativ	tēct-um	das Dach	tēct-a	die Dächer
Vokativ	(tēct-um)	(Dach!)	(tēct-a)	(Dächer!)

---

1   Die mit einem * gekennzeichneten Sätze geben ab hier die »wörtliche« Übersetzung wieder, die im Deutschen so nicht bleiben kann.

konsonantische Deklination

	Singular		Plural	
Nominativ	senātor	der Senator	senātōr-ēs	die Senatoren
Genitiv	senātōr-is	des Senators	senātōr-um	der Senatoren
Dativ	senātōr-ī	dem Senator	senātōr-ibus	den Senatoren
Akkusativ	senātōr-em	den Senator	senātōr-ēs	die Senatoren
Vokativ	senātor	Senator!	senātōr-ēs	Senatoren!

§ 26 Apposition

Dāvus, servus aegrōtus, …   Davus, ein kranker Sklave, …
Safrānia, vīlica et uxor Fēliciōnis, …   Safrania, die Verwalterin
                                        und Frau des Felicio, …

Durch die Zusätze servus aegrōtus und vīlica et uxor Fēliciōnis erfährt man Näheres über Davus bzw. Safrania. Wenn die Satzstelle Attribut durch ein Substantiv, das im gleichen Kasus wie sein Beziehungswort steht, gefüllt wird, spricht man von einer Apposition. Eine Apposition wird sehr oft durch Kommata eingerahmt.

§ 27 Konsonantische Konjugation mit i-Erweiterung

Manche Verben der konsonantischen Konjugation haben in der 1. Person Singular und in der 3. Person Plural ein zusätzliches -i- vor der Personalendung, eine sog. **i-Erweiterung.** Verben dieses Typs gehören zur »konsonantischen Konjugation mit i-Erweiterung«.

Infinitiv	cup-e-re	
1. Pers. Sg.	cup**i**-ō	ich wünsche
2. Pers. Sg.	cup-i-s	
3. Pers. Sg.	cup-i-t	
1. Pers. Pl.	cup-i-mus	
2. Pers. Pl.	cup-i-tis	
3. Pers. Pl.	cup**i**-u-nt	
Imperativ Sg.	cup-e	wünsch(e)!
Imperativ Pl.	cup-i-te	wünscht!

Ebenso: fugere, fug**i**-ō

§ 28 ē-Deklination

	Singular		Plural	
Nom.	r-**ēs**	die Sache	r-**ēs**	die Sachen
Gen.	r-**eī**	der Sache	r-**ērum**	der Sachen
Dat.	r-**eī**	der Sache	r-**ēbus**	den Sachen
Akk.	r-**em**	die Sache	r-**ēs**	die Sachen

Die Substantive der ē-Deklination sind in der Regel feminin.
Ausnahme: diēs, ēī *m.*: Tag

§ 29 aci als Satzglied

(1) Gnaeus clāmōrem audit.   Gnaeus hört das Geschrei. (Wen oder was hört Gnaeus? – Das Geschrei.)

(2) Gnaeus virōs clāmāre audit.   Gnaeus hört die Männer schreien. (Wen oder was hört Gnaeus? – Die Männer schreien.)

Die Satzstelle Akkusativobjekt wird in Satz 1 durch clāmōrem, in Satz 2 durch virōs clāmāre gefüllt.

Betrachten wir Satz 2 näher. In ihm sind zwei Aussagen zusammengefasst, nämlich:

a) Virī clāmant.   Die Männer schreien.
b) Gnaeus audit.   Gnaeus hört es.

Virī, das Subjekt des Satzes a), erscheint in Satz 2 als virōs, also als Akkusativ; clāmant, das Prädikat des Satzes a), als clāmāre, also als Infinitiv.

Man nennt diese Konstruktion daher **accūsātīvus cum īnfīnītīvō** (Akkusativ mit Infinitiv), kurz: **aci**. Der aci kommt im Lateinischen häufig vor und kann die Satzstelle Akkusativobjekt füllen.

Gnaeus virōs clāmāre audit.

Subjekt   Akkusativobjekt Prädikat

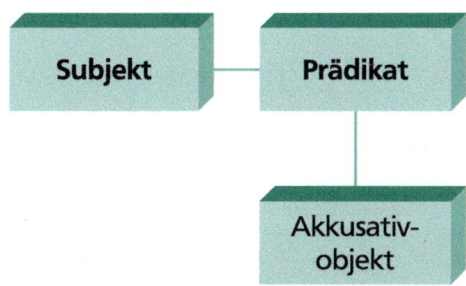

Wenn zu dem Infinitiv ein Prädikatsnomen tritt, steht auch das Prädikatsnomen im Akkusativ:

Gnaeus palaestram plēnam virōrum esse videt.   Gnaeus sieht, dass die Palaestra voll von Männern ist.

Gnaeus palaestram plēnam virōrum esse videt.

Subjekt   Akkusativobjekt   Prädikat

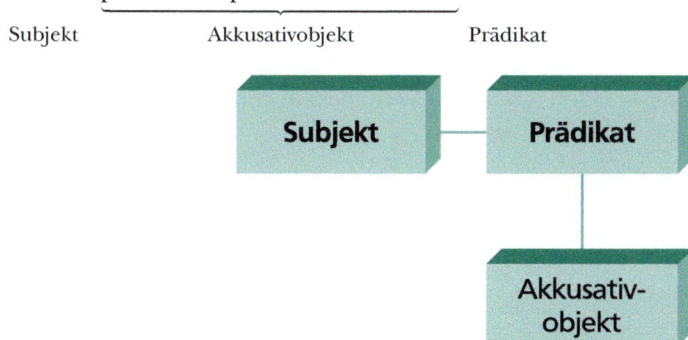

§ 30 Übersetzung des aci

Gnaeus virōs clāmāre audit lässt sich wörtlich ins Deutsche übersetzen: Gnaeus hört die Männer schreien. Der Akkusativ virōs wird mit dem Akkusativ die Männer, der Infinitiv clāmāre mit dem Infinitiv schreien wiedergegeben.
Meistens ist jedoch eine wörtliche Übersetzung des aci nicht möglich:

Amīcōs saepe thermās vīsitāre scit.

In solchen Fällen gibt man, nachdem man das Prädikat übersetzt hat, den aci durch einen dass-Satz wieder:

Er weiß, dass die Freunde oft die Thermen besuchen.

Der lateinische Akkusativ wird dabei zum Subjekt, der lateinische Infinitiv zum Prädikat des dass-Satzes.
Deshalb könnte man – ohne dass sich der Sinn ändert – den Satz 2 in § 29 auch so übersetzen:

Gnaeus virōs clāmāre audit.   Gnaeus hört, dass die Männer schreien.

Der aci steht oft bei Verben

des Mitteilens: z. B.: scrībere
des Wahrnehmens: z. B.: audīre, vidēre
des Wissens und Denkens: z. B.: scīre
des Empfindens: z. B.: gaudēre
außerdem bei: iubēre

§ 31 Erweiterungen des aci

Ein aci kann durch andere Satzglieder erweitert sein:

1. durch ein Attribut:

Gnaeus ibi paucōs virōs adesse videt.   Gnaeus sieht, dass dort nur wenige Männer
                                         sind.

2. durch ein Objekt:

Amīcōs thermās vīsitāre scit.   Er weiß, dass die Freunde die Thermen
                                         besuchen.

Um die beiden Akkusative amīcōs und thermās, die hier im Satz unterschiedliche Aufgaben erfüllen, zu unterscheiden, nennt man den Akkusativ, der zum

Subjekt des dass-Satzes wird (hier also amīcōs), **Subjektsakkusativ** und den Akkusativ, der als Akkusativobjekt übersetzt wird (hier thermās), **Objektsakkusativ**. Im aci steht der Subjektsakkusativ normalerweise vor dem Objektsakkusativ.

3. durch (ein Objekt und) eine adverbiale Bestimmung:

Amīcōs saepe thermās vīsitāre scit.	Er weiß, dass die Freunde oft die Thermen besuchen.

§ 32 esse als Vollverb

Ubīque silentium est.	Überall ist (herrscht) Ruhe.

Esse ist hier als Vollverb gebraucht, d. h., es bildet ohne Ergänzung das Prädikat.

Auch im aci kann der Infinitiv esse als Vollverb gebraucht sein:

Gnaeus ubīque silentium esse gaudet.	Gnaeus freut sich, dass überall Ruhe ist (herrscht).

§ 33 Genitīvus partītīvus

pars plēbis:	ein Teil des (einfachen) Volkes
turba virōrum:	eine Schar von Männern
nēmō senātōrum:	keiner der Senatoren

Der genitīvus partītīvus (»Teilungsgenitiv«) steht bei Wörtern, die ein Maß oder eine Menge angeben, außerdem bei Pronomina wie nēmō, nihil, quid. Dabei bezeichnet der Genitiv das Ganze, sein Beziehungswort einen Teil.

§ 34 Akkusativ der Ausdehnung

Multōs diēs cōnsulēs dēlīberant.	Die Konsuln überlegen viele Tage (lang).

Der Akkusativ bezeichnet hier die (zeitliche) Ausdehnung.

Nach	Wie lang(e)?	
	Wie hoch?	
	Wie breit?	
	Wie tief?	steht immer der Akkusativ.

!

§ 35 Reflexives Possessivpronomen: suus

Gnaeus amīcum suum quaerit.	Gnaeus sucht seinen Freund.
Vīlica dominō suō hortum mōnstrat.	Die Verwalterin zeigt ihrem Herrn den Garten.
Cornēlius et Publius amīcōs suōs salūtant.	Cornelius und Publius begrüßen ihre Freunde.
Sibylla et Domitilla vestēs suās quaerunt.	Sibylla und Domitilla suchen ihre Kleider.

Das reflexive Possessivpronomen suus, »sein, ihr«, verweist auf das Subjekt des Satzes. Ob suus mit sein oder ihr übersetzt wird, ist abhängig von dem Genus und dem Numerus des »besitzenden« Subjekts.

§ 36 Ablativ

Spectātōrēs prīmā lūce veniunt.   Die Zuschauer kommen bei Tagesanbruch.
                                         (Wann kommen die Zuschauer? –
                                         Bei Tagesanbruch.)

Spectātōrēs prīmā lūce veniunt.

Subjekt   Attribut   Prädikat
                      adv. Best.

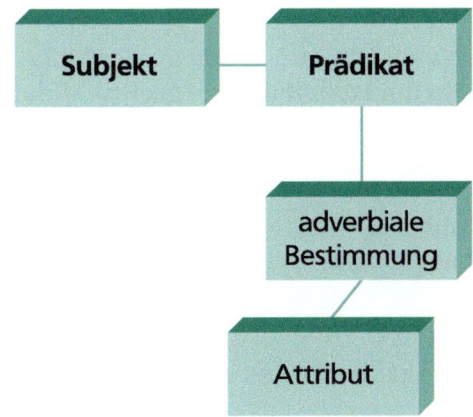

Für sehr viele adverbiale Bestimmungen gibt es im Lateinischen einen eigenen
Kasus, den Ablativ. Oft steht er in Verbindung mit einer Präposition (in, cum,
sine, dē):

cum amīcō   mit dem Freund

§ 37 Formen des Ablativs

o-Deklination: Maskulina auf –us	
Sg.	cum amīc-**ō**	mit dem Freund
Pl.	cum amīc-**īs**	mit den Freunden

o-Deklination: Maskulina auf –er		
Sg.	cum magistr-**ō**	mit dem Lehrer
Pl.	cum magistr-**īs**	mit den Lehrern

o-Deklination: Neutra auf –um		
Sg.	dē tēct-**ō**	vom Dach herab
Pl.	dē tēct-**īs**	von den Dächern herab

ā-Deklination		
Sg.	cum serv-**ā**	mit der Sklavin
Pl.	cum serv-**īs**	mit den Sklavinnen

konsonantische Deklination		
Sg.	māgn-**ō** cum labōr-**e**	mit großer Mühe
Pl.	māgn-**īs** cum labōr-**ibus**	mit großen Mühen

ē-Deklination		
Sg.	in r-**ē** pūblic-**ā**	im Staat
Pl.	in r-**ēbus** pūblic-**īs**	in den Staaten

§ 38 Semantische Funktionen des Ablativs

Die adverbialen Bestimmungen im Ablativ haben vielfältige semantische Funktionen:

(1) Livinēius Rēgulus in amphitheātrō spectāculum gladiātōrium dat.

Livineius Regulus veranstaltet im Amphitheater ein Gladiatorenspiel. (Wo veranstaltet Livineius Regulus ein Gladiatorenspiel? – Im Amphitheater.)

(2) Multī dominī prīmā lūce veniunt.

Viele Herren kommen bei Tagesanbruch. (Wann kommen viele Herren? – Bei Tagesanbruch.)

(3) Pompēiānī Alumnum māgnō cum clāmōre laudant.

Die Pompejaner rühmen Alumnus mit lautem Geschrei. (Wie/Auf welche Weise rühmen die Pompejaner Alumnus? – Mit lautem Geschrei.)

(4) Alumnus Callimōrfum gladiō necāre parātus est.

Alumnus ist bereit, Callimorfus mit dem Schwert zu töten. (Womit ist Alumnus bereit, Callimorfus zu töten? – Mit dem Schwert.)

(5) Nūcerīnī verbīs Pompēiānōrum valdē īrātī sunt.

Die Nuceriner sind über die Worte der Pompejaner sehr zornig. (Worüber/Weshalb/Warum sind die Nuceriner sehr zornig? – Über die/wegen der Worte der Pompejaner.)

(6) Dominī cum uxōribus veniunt.

Die Herren kommen mit ihren Ehefrauen. (Mit wem kommen die Herren? – Mit ihren Ehefrauen.)

Beispiel	Frage	semantische Funktion	Name des Ablativs
in amphitheātrō	Wo?	Ort	ablātīvus locī
prīmā lūce	Wann?	Zeit	ablātīvus temporis
māgnō cum clāmōre	Wie? Auf welche Art und Weise?	Art und Weise	ablātīvus modī
gladiō	Womit? Wodurch?	Mittel Werkzeug	ablātīvus īnstrūmentī
verbīs Pompēiānōrum	Warum? Weshalb?	Grund	ablātīvus causae
cum uxōribus	Mit wem?	Begleitung	ablātīvus sociātīvus

§ 39 Übersicht über die Deklinationen

Nun sind alle Formen der wichtigsten Deklinationen bekannt.

	ā-Deklination		o-Deklination: Masculina auf –us	
	serva f.: Sklavin		servus m.: Sklave	
	Singular	Plural	Singular	Plural
Nom.	serv-a	serv-ae	serv-us	serv-ī
Gen.	serv-ae	serv-ārum	serv-ī	serv-ōrum
Dat.	serv-ae	serv-īs	serv-ō	serv-īs
Akk.	serv-am	serv-ās	serv-um	serv-ōs
Abl.	cum serv-ā	cum serv-īs	cum serv-ō	cum serv-īs
Vok.			serv-e	

	o-Deklination: Masculina auf –er		o-Deklination: Neutra	
	magister m.: Lehrer		tēctum n.: Dach	
	Singular	Plural	Singular	Plural
Nom.	magister	magistr-ī	tēct-um	tēct-a
Gen.	magistr-ī	magistr-ōrum	tēct-ī	tēct-ōrum
Dat.	magistr-ō	magistr-īs	tēct-ō	tēct-īs
Akk.	magistr-um	magistr-ōs	tēct-um	tēct-a
Abl.	cum magistr-ō	cum magistr-īs	tēct-ō	tēct-īs

	konsonantische Deklination		ē-Deklination	
	labor m.: Arbeit		rēs f.: Sache	
	Singular	Plural	Singular	Plural
Nom.	labor	labōr-ēs	r-ēs	r-ēs
Gen.	labōr-is	labōr-um	r-eī	r-ērum
Dat.	labōr-ī	labōr-ibus	r-eī	r-ēbus
Akk.	labōr-em	labōr-ēs	r-em	r-ēs
Abl.	labōr-e	labōr-ibus	r-ē	r-ēbus

§ 40 Die Präposition in

Nach der lateinischen Präposition in steht der Akkusativ oder der Ablativ.

Tullia in vīllam it.   Tullia geht in das Landhaus.
Tullia in vīllā est.   Tullia ist in dem Landhaus.

Auf die Frage »Wohin?« antwortet der Akkusativ, auf die Frage »Wo?« der Ablativ.

tōtā urbe   in der ganzen Stadt
aliīs locīs   an anderen Orten

Bei tōtus und locus kann auf die Frage »Wo?« die Präposition in fehlen.

§ 41 Substantivierung des Adjektivs

Orpheus umbrās multōrum miserōrum videt.	Orpheus sieht die Schatten vieler Unglücklicher/vieler unglücklicher Menschen.

Wie im Deutschen kann auch im Lateinischen ein Adjektiv als Substantiv verwendet werden:

miser, misera, miserum	unglücklich; der Unglückliche, die Unglückliche, *das Unglückliche
Rōmānus, Rōmāna, Rōmānum	römisch; der Römer, die Römerin, das Römische

Je nach Zusammenhang kann es sinnvoll sein, bei der Übersetzung ein passendes Substantiv zu ergänzen:

miserī	die Unglücklichen; die unglücklichen Männer/Menschen

Bei einem substantivierten Adjektiv im Neutrum Plural ist eine wörtliche Übersetzung nicht möglich.

Um das Neutrum zu verdeutlichen, setzt man entweder »Dinge« hinzu oder man gibt die Form mit dem Singular wieder:

Multa Orpheus sēcum cōgitat.	Orpheus denkt über viele Dinge/vieles (bei sich) nach.

§ 42 is, ea id – dieser, diese, dies(es); er, sie, es

(1) Orpheus in Tartarum abit; in eō locō umbrās multōrum miserōrum videt.	Orpheus geht in den Tartarus; an diesem Ort sieht er die Schatten vieler unglücklicher Menschen.

Eō, eine Form des Demonstrativpronomens (= hinweisendes Fürwort) is, ea, id, betont locō und steht mit seinem Beziehungswort in KNG-Kongruenz.

(2) Causa viae meae est Eurydica. Sine eā ē Tartarō redīre nōn possum.	Der Grund meines Weges ist Eurydike. Ohne diese/sie kann ich nicht aus dem Tartarus zurückkehren.

Um die stilistisch unschöne Wiederholung eines Wortes, hier im Beispiel Eurydica, zu vermeiden, kann im Lateinischen ebenso wie im Deutschen statt des Substantivs ein Demonstrativpronomen oder ein Personalpronomen stehen. Die Form dieses Pronomens richtet sich im Numerus und Genus nach dem Substantiv, das es vertritt. Eā im obigen Beispiel ist wie Eurydica Singular und feminin. Wegen der Präposition sine steht es hier im Ablativ.

Is, ea, id ist in (1) als Demonstrativpronomen verwendet. In (2) entspricht es dem deutschen Personalpronomen der 3. Person.

Formen

	Singular			Plural		
	m.	**f.**	**n.**	**m.**	**f.**	**n.**
Nom.	is	ea	id	iī (eī)	eae	ea
Gen.	eius	eius	eius	eōrum	eārum	eōrum
Dat.	ei	ei	ei	iīs (eīs)	iīs (eīs)	iīs (eīs)
Akk.	eum	eam	id	eōs	eās	ea
Abl.	eō	eā	eō	iīs (eīs)	iīs (eīs)	iīs (eīs)

§ 43 Die Verwendung von is, ea, id im Genitiv

Orpheus Dītem et Prōserpinam, uxōrem   Orpheus findet Dis/Pluto und dessen/
eius, invenit.   seine Frau Proserpina.
Umbrae flent. Lacrimae eārum Dītem   Die Schatten weinen. Deren/Ihre Tränen
commovent.   bewegen Dis/Pluto.

Der Genitiv von is, ea, id wird häufig mit dem deutschen Possessivpronomen wiedergegeben.

§ 44 Reflexive und nichtreflexive Besitzverhältnisse

(1) Gnaeus Claudius servōs suōs ē thermīs   Gnaeus Claudius sieht, dass seine
    fugere videt.   Sklaven aus den Thermen fliehen.
(2) Servī eius nōn semper contentī sunt.   Seine Sklaven sind nicht immer
                                              zufrieden.

Beispiel 1: Das reflexive (= rückbezügliche) Possessivpronomen suus, a, um verweist auf das Subjekt des Satzes (reflexives Besitzverhältnis).
Beispiel 2: Der Genitiv von is, ea, id verweist nicht auf das Subjekt desselben Satzes (nichtreflexives Besitzverhältnis).

§ 45 Reflexivpronomen

Dīs Eurydicam ad sē vocat.   Dis/Pluto ruft Eurydike zu sich.

Sē ist ein Pronomen, das auf das Subjekt zurückverweist; es heißt deshalb Reflexivpronomen (rückbezügliches Fürwort).

Formen

	Singular und Plural	
Nom.	–	–
Gen.	(sui)	(seiner, ihrer)
Dat.	sibī	sich
Akk.	sē	sich
Abl.	sē (sēcum = cum sē)	(mit) sich

§ 46 Reflexivpronomen im aci

(1) Orpheus **sē** Eurydicam in   Orpheus sieht, dass/wie **er** Eurydike
    mātrimōnium dūcere videt.   heiratet.
(2) Servī **sē** semper laborāre dēbēre Die Sklaven wissen, dass **sie** immer
    sciunt.   arbeiten müssen.

Das Reflexivpronomen sē bezieht sich auch als Subjektsakkusativ im aci immer auf das Subjekt des Satzes:

(1) sē → Orpheus
(2) sē → servī

Deshalb muss es in (1) mit dem Nominativ des Personalpronomens der 3. Person Singular maskulin er, in (2) mit dem Nominativ des Personalpronomens der 3. Person Plural sie wiedergegeben werden.

Das Reflexivpronomen bezieht sich, auch wenn es in einem anderen Kasus steht, auf das Subjekt des Satzes:

Orpheus Eurydicam **sibī** ōscula dare   Orpheus fühlt, dass Eurydike **ihm** Küsse
sentit.   gibt.

Beachten Sie

1. Bei der Übersetzung des Reflexivpronomens im aci ist genau darauf zu achten, worauf es sich bezieht.
2. Im aci wird das Reflexivpronomen immer mit einem Personalpronomen übersetzt.

§ 47 Prädikativum

(1) Eurydica umbra in Tartarum abit.   Eurydike geht als Schatten in die
                                          Unterwelt.
(2) Diū Orpheus uxōrī tacitus praecēdit. Lange geht Orpheus schweigend vor
                                          seiner Frau einher.

Umbra und tacitus nehmen eine Zwitterstellung ein:

1. Sie haben ein Beziehungswort, an das sie sich angleichen (Eurydica bzw. Orpheus).
2. Sie bestimmen das Prädikat näher.

In welchem Zustand geht Eurydike in die Unterwelt? – Als Schatten: umbra.
In welchem Zustand geht Orpheus vor seiner Frau einher? – Schweigend: tacitus.

Dieses Satzglied heißt Prädikativum (Pv).

Die Besonderheit des Prädikativums ist, dass es, anders als z.B. das Attribut, keine dauernde Eigenschaft bezeichnet, sondern einen Zustand angibt, der nur für den vorgegebenen Satz gelten soll:

(1) Eurydike ist nicht immer ein Schatten, sondern erst bei ihrem Gang in die Unterwelt.
(2) Orpheus ist nicht immer schweigsam, sondern in dem Augenblick, als er vor seiner Frau durch die Unterwelt geht.

Die Satzstelle Prädikativum kann durch ein Substantiv oder durch ein Adjektiv gefüllt sein. Bei der Übersetzung eines prädikativen Substantivs wird im Deutschen **als** hinzugefügt.

Satzbaupläne

(1) Eurydica umbra   in Tartarum   abit.

 Subjekt   Prädikativum adv. Best.   Prädikat

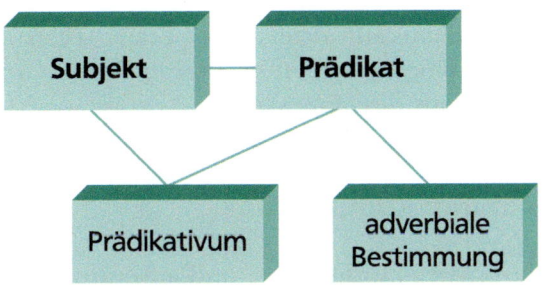

(2) Diū   Orpheus uxōrī   tacitus   praecēdit.

 adv. Best. Subjekt   Dativobjekt Prädikativum Prädikat

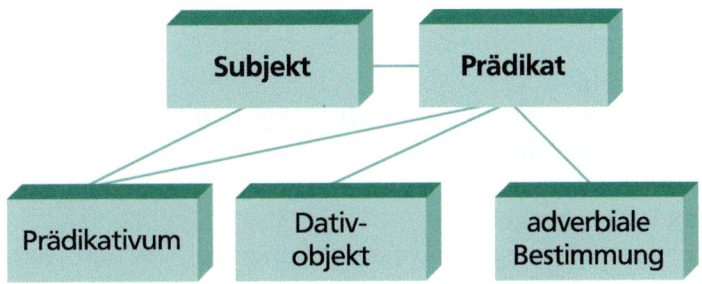

§ 48 Ablātīvus sēparātīvus

(1) Vōbis ex rēgnō meō abīre licet.   Es ist euch erlaubt, aus meinem Reich fort-
                                            zugehen.

(2) Iam Tartarō abeunt.   Schon gehen sie aus dem Tartarus.

Auf die Frage »Wovon (weg)/Woher?« steht der ablātīvus sēparātīvus (Ablativ der Trennung). Er steht oft mit einer Präposition (z. B. ab, ex, sine); die Präposition kann aber auch, wie in (2), fehlen.

§ 49 Ablātīvus mēnsūrae

Multīs diēbus post Orpheus Dītem et Prōserpinam invenit.	Viele Tage später/danach findet Orpheus Dis und Proserpina.

Der Ablativ multīs diēbus antwortet auf die Frage »(Um) wie viel?« und gibt an, wie groß der Unterschied zwischen zwei verglichenen Größen ist. Er heißt ablātīvus mēnsūrae (Ablativ des Maßes).

§ 50 Wortbildung: Kompositum

Die Verben abīre, »weg-, fortgehen«, und advenīre, »ankommen«, setzen sich zusammen aus einer Vorsilbe – hier ab- bzw. ad- – und īre bzw. venīre. Solche Verben nennt man **Komposita** (Singular: Kompositum, »Zusammengesetztes«). Die einfache, nicht zusammengesetzte Form (hier īre bzw. venīre) heißt **Simplex** (simplex, lat.: einfach). Im Lateinischen ist eine solche Vorsilbe meist eine Präposition.

Vgl. auch:
ab-esse: weg sein, fort sein, abwesend sein
ad-īre: hin-gehen
col-ligere: zusammen-lesen, (auf)sammeln (aus cum + legere)
ex-īre: hinaus-gehen
re-d-īre: zurück-gehen (das d ist eingefügt, um den Hiat, das Aufeinandertreffen zweier Vokale, zu verhindern)

§ 51 Funktionen des Relativsatzes

(1a) Deī, quī mē amīcum putant, semper mihi adsunt.   Die Götter, die mich für ihren Freund halten, stehen mir immer bei.

(1b) Hominēs, quōrum vīta dūra est, adiuvāre possum.   Ich kann die Menschen, deren Leben hart ist, unterstützen.

Der Relativsatz quī mē amīcum putant gibt eine nähere Information zu deī, der Relativsatz quōrum vīta dūra est zu hominēs. Diese Relativsätze füllen somit die Satzstelle Attribut.

(2a) Quī deōs nōn timet, līber est.   Wer die Götter nicht fürchtet, ist frei.

(2b) Prōdō, quae audiō.   Ich verrate, was ich höre.

Der Relativsatz kann auch die Satzstelle Subjekt (Beispiel 2a) oder Objekt (Beispiel 2b) füllen. In diesen Fällen hat das Relativpronomen kein Beziehungswort (vgl. aber § 54).

§ 52 Relativischer Anschluss

Deī hominēs neque potentiā neque sapientiā superant. Quī autem nūmen deōrum timent.   Die Götter übertreffen die Menschen weder an Macht noch an Weisheit. Diese/ Sie aber fürchten den Willen der Götter.

Im Lateinischen steht oft am Anfang eines neuen Satzes ein Relativpronomen, um den Satz eng an den vorhergehenden anzubinden. Das Relativpronomen, das keinen Relativsatz einleitet, wird mit dem Demonstrativpronomen oder dem Personalpronomen übersetzt. Dieses Phänomen bezeichnet man als »relativischen Anschluss«.

§ 53 Formen des Relativpronomens

	m.	f.	n.	m.	f.	n.
Singular	quī	quae	quod	der	die	das
	cuius	cuius	cuius	dessen	deren	dessen
	cui	cui	cui	dem	der	dem
	quem	quam	quod	den	die	das
	quō	quā	quō	durch	durch	durch
				den	die	das, wodurch
Plural	quī	quae	quae[1]	die	die	die
	quōrum	quārum	quōrum	deren	deren	deren
	quibus	quibus	quibus	denen	denen	denen
	quōs	quās	quae	die	die	die
	quibus	quibus	quibus	durch	durch	durch
				die	die	die

In Verbindung mit cum: quōcum, quācum, quibuscum

§ 54 Das Relativpronomen und sein Beziehungswort

(1a) Cuncta, quae possidēre cupiō,   Alles, was ich zu besitzen wünsche,
      possideō.   besitze ich.
(1b) Fructūs, quī super caput eius   Er will die Früchte, die über seinem Kopf
      sunt, capere vult.   sind, erreichen.

Das Relativpronomen stimmt mit seinem Beziehungswort in Numerus und Genus überein. Der Kasus des Relativpronomens hängt davon ab, welche Funktion es innerhalb des Relativsatzes hat. In Beispiel 1a ist quae Akkusativobjekt des Relativsatzes und steht daher im Akkusativ; quī in Beispiel 1b ist Subjekt des Relativsatzes und steht somit im Nominativ.

---

1 Substantiviert gebrauchte Pronomina werden wie substantiviert gebrauchte Adjektive übersetzt, vgl. Lektion 7, § 41.

§ 55 Neutrum der konsonantischen Deklination

Für die Neutra der konsonantischen Deklination gelten dieselben Regeln wie
für die Neutra der o-Deklination (vgl. Lektion 4, § 22):

1. Nominativ und Akkusativ haben dieselbe Endung.
2. Im Nominativ und Akkusativ Plural heißt die Endung -a.

	tempus n.: Zeit		nōmen n.: Name	
	Singular	Plural	Singular	Plural
Nom.	temp**us**	tempor-**a**	nōm**en**	nōmin-**a**
Gen.	tempor-is	tempor-um	nōmin-is	nōmin-um
Dat.	tempor-ī	tempor-ibus	nōmin-ī	nōmin-ibus
Akk.	temp**us**	tempor-**a**	nōm**en**	nōmin-**a**
Abl.	tempor-e	tempor-ibus	nōmin-e	nōmin-ibus

Substantive der konsonantischen Deklination auf -us, oris
(z.B. corpus, corporis), -us, -eris (z.B. vulnus, eris) und -men, minis
(z.B. nūmen, nūminis) sind Neutra.

§ 56 Ablātīvus līmitātiōnis

Virtūte Alumnus gladiātor Callimōrfum   Der Gladiator Alumnus übertrifft
superat.   Callimorfus an Tapferkeit.

Der ablātīvus līmitātiōnis (līmitātiō: Begrenzung) drückt als adverbiale Bestimmung aus, in welcher Beziehung die Aussage gültig ist: An Tapferkeit ist Alumnus seinem Gegner überlegen (in anderen Punkten möglicherweise nicht).
Der ablātīvus līmitātiōnis antwortet auf die Frage »In welcher Hinsicht?«.

§ 57 Dativ des Personalpronomens

	1. Pers. Singular		2. Pers. Singular	
Nom.	egō	ich	tū	du
Gen.				
Dat.	**mihi**	**mir**	**tibi**	**dir**
Akk.	mē	mich	tē	dich
Abl.				
	1. Pers. Plural		2. Pers. Plural	
Nom.	nōs	wir	vōs	ihr
Gen.				
Dat.	**nōbīs**	**uns**	**vōbīs**	**euch**
Akk.	nōs	uns	vōs	euch
Abl.				

§ 58 Stilmittel

Vor allem in literarischen, aber auch in anderen Texten gibt es oft sprachliche Besonderheiten, die darauf hindeuten, dass mit der gewählten Ausdrucksweise eine bestimmte zusätzliche Absicht verbunden ist. Diese sprachlichen Besonderheiten gehören zu den Stilmerkmalen eines Textes. Man nennt sie daher »Stilmittel« oder »rhetorische Figuren« (Rhetorik = Redekunst).

§ 59 Stilmittel: rhetorische Frage

Quid mihi dēest?   Was fehlt mir?

Dies ist keine echte Frage, da Tantalus die Antwort bereits weiß: Nichts fehlt ihm. Solche Fragen, die nur der Form, nicht dem Inhalt nach Fragen sind, heißen rhetorische Fragen.

§ 60 Stilmittel: Trikolon

Deī neque virtūte neque potentiā   Die Götter übertreffen die Menschen
neque sapientiā hominēs superant.   weder an Tüchtigkeit noch Macht noch
                                        Weisheit.

Eine aus drei Gliedern bestehende Ausdrucksweise – hier: neque virtūte neque potentiā neque sapientiā – nennt man Trikolon. Ein Trikolon kann aus Einzelwörtern, Wortverbindungen, Teilsätzen und ganzen Sätzen gebildet sein.

§ 61 Funktion des Perfekts

Herī vir pulcherrimus rēgiam intrāvit. Menelāus māgnō cum gaudiō eum salutāvit, cuncta ei mōnstrāvit.

Gestern kam ein sehr schöner Mann in den Palast. Menelaus hat ihn mit großer Freude begrüßt (begrüßte ihn) und hat ihm alles gezeigt (zeigte ihm).

In den Beispielsätzen stehen die Prädikate intrāvit, salutāvit und mōnstrāvit im Perfekt. Im Lateinischen ist das Perfekt das Erzähltempus. Es wird in der Regel gebraucht, um einmalige Vorgänge in der Vergangenheit, die abgeschlossen sind, darzustellen.

Übersetzt wird das Perfekt meist mit dem Präteritum (kam, grüßte, zeigte); es wird aber auch, besonders wenn es sich bei dem Text um ein Gespräch handelt, mit dem deutschen Perfekt wiedergegeben:

Nōnne audīvistī?   Hast du nicht gehört?

§ 62 Formen des Perfekts

	ā-Konjugation mōnstrāre	
1. Pers. Sg.	mōnstrāv-**ī**	ich habe gezeigt; ich zeigte
2. Pers. Sg.	mōnstrāv-**istī**	
3. Pers. Sg.	mōnstrāv-**it**	
1. Pers. Pl.	mōnstrāv-**imus**	
2. Pers. Pl.	mōnstrāv-**istis**	
3. Pers. Pl.	mōnstrāv-**ērunt**	
Infinitiv der Vorzeitigkeit[1]/ Infinitiv Perfekt	mōnstrāv-**isse**	

---

1   vgl. § 63.

	ē-Konjugation habēre		ī-Konjugation audīre	
1. Pers. Sg.	habu-ī	ich habe gehabt; ich hatte	audīv-ī	ich habe gehört; ich hörte
2. Pers. Sg.	habu-istī		audīv-istī	
3. Pers. Sg.	habu-it		audīv-it	
1. Pers. Pl.	habu-imus		audīv-imus	
2. Pers. Pl.	habu-istis		audīv-istis	
3. Pers. Pl.	habu-ērunt		audīv-ērunt	
Infinitiv der Vorzeitigkeit[1]/ Infinitiv Perfekt	habu-isse		audīv-isse	

Die Endungen werden an den Perfektstamm angehängt.

Der Perfektstamm der ā- und ī-Konjugation wird oft dadurch gebildet, dass an den Präsensstamm ein **-v-** gehängt wird: monstrā**v**-; audī**v**-.

Bei der ē-Konjugation endet der Perfektstamm oft auf **-u-**: hab**u**-.

Verben, deren Perfektstamm anders gebildet wird, sind mit ihren Stammformen im Vokabelverzeichnis aufgeführt. Dazu gehören alle Verben der konsonantischen Konjugation.

Eine Gruppe von Verben bildet ihren Perfektstamm auf **-s-**:

scrībere → scrīp**s**ī
prōmittere → prōmī**s**ī
abdūcere → abdūxī, entstanden aus abdūc**s**- (aus cs wird x)
dīcere → dīxī, entstanden aus dīc**s**- (aus cs wird x)

Bei einer anderen Gruppe von Verben unterscheiden sich der Präsens- und der Perfektstamm nur durch die Länge des Stammvokals: Dieser ist im Perfekt »gedehnt«. Man spricht daher von Dehnungsperfekt.

accipere → accēpī
convenīre → convēnī

---

1 vgl. § 63.

Beachten Sie

esse bildet den Perfektstamm **fu-**:

fu-ī, **fu**-istī, **fu**-it usw.: ich war; ich bin gewesen usw.

Auch die Komposita von esse haben den Perfektstamm **fu-**:

abesse, absum, āfuī	dēesse, dēsum, dēfuī
adesse, adsum, adfuī	interesse, intersum, interfuī

posse hat den Perfektstamm **potu-**:

potu-ī, potu-istī, potu-it usw.: ich konnte; ich habe gekonnt

īre und seine Komposita bilden den Perfektstamm **i-**; vor s werden das i des Stammes und das i der Endung gewöhnlich zusammengezogen.

1. Pers. Sg.	i-ī	ich ging; ich bin gegangen
2. Pers. Sg.	istī	
3. Pers. Sg.	i-it	
1. Pers. Pl.	i-imus	
2. Pers. Pl.	īstis	
3. Pers. Pl.	i-ērunt	
Infinitiv der Vorzeitigkeit/ Infinitiv Perfekt	īsse	

Perfekt = Erzähltempus

-ī, -istī, -it, -imus, -istis, -ērunt

-isse

!

§ 63 Verschiedene Infinitive: Zeitverhältnisse im aci

(1)	Paris fēminās pulchrās levēs esse putāt.	Paris glaubt, dass schöne Frauen leichtfertig sind/seien.
(2)	Paris fēminās pulchrās levēs esse putāvit.	Paris glaubte, dass schöne Frauen leichtfertig sind/seien.
(3)	Ex aliīs servīs audīvī eum Paridem esse.	Von anderen Sklaven habe ich gehört, dass dieser (Mann) Paris sei.
(4)	Paridem cum pāstōribus gregēs patris custōdīvisse narrant.	Sie erzählen, dass Paris mit den Hirten die Herden seines Vaters gehütet hat/habe.

(5) Paridem cum pāstōribus gregēs   Sie haben erzählt, dass Paris mit den
    patris custōdīvisse narravērunt.   Hirten die Herden des Vaters gehütet
                                            habe.

Der Infinitiv gibt das Zeitverhältnis zum Prädikat an.

In den Sätzen 1, 2 und 3 steht der Infinitiv der Gleichzeitigkeit/Infinitiv Präsens: Die Aussage des aci ist dadurch **gleichzeitig** zur Aussage des Prädikats. Die
Meinung bzw. das Hören und der Inhalt der Meinung/des Hörens sind auf derselben Zeitstufe angesiedelt.

In den Sätzen 4 und 5 steht der Infinitiv der Vorzeitigkeit/Infinitiv Perfekt: Die
Aussage des aci ist dadurch **vorzeitig** zur Aussage des Prädikats. Das Hüten der
Herden hat stattgefunden, bevor davon erzählt wird.

> **xx-re: Infinitiv der Gleichzeitigkeit/Infinitiv Präsens**
>
> **xx-isse: Infinitiv der Vorzeitigkeit/Infinitiv Perfekt**
>
> **!**

§ 64 Akkusativ des Ausrufs

O tē miserum!   O du Elender!
O mē miseram!   O ich Arme!

Im Lateinischen steht in Ausrufen, anders als im Deutschen, oft der Akkusativ.

§ 65 Ortsangaben bei Städtenamen (1)

Mē Spartā Trōiam abdūcere cupis.   Du willst mich von Sparta nach Troja ent-
                                          führen.
Spartae vīta dūra est.   In Sparta ist das Leben hart.

Städtenamen werden ohne Präposition verwendet:

Auf die Frage »Wohin?« steht der bloße Akkusativ,
auf die Frage »Woher?« steht der bloße Ablativ,
auf die Frage »Wo?« steht der **Lokativ**.

Den Lokativ gibt es nur bei Städtenamen im Singular, die zur ā- und o-Deklination gehören:

Spart**ae**: in Sparta; Rōm**ae**: in Rom; Corinth**ī**: in Korinth

Der Lokativ hat dieselbe Form wie der Genitiv Singular.

§ 66 Ablativ des Personalpronomens

	1. Pers. Sg.		2. Pers. Sg.	
Nom.	egō	ich	tū	du
(Gen.	meī	meiner	tuī	deiner)
Dat.	mihi	mir	tibi	dir
Akk.	mē	mich	tē	dich
Abl.	**mē**		**tē**	
	ā mē	**von mir**	**ā tē**	**von dir**
	mēcum	**mit mir**	**tēcum**	**mit dir**
	1. Pers. Pl.		2. Pers. Pl.	
Nom.	nōs	wir	vōs	ihr
(Gen.	nostrī/nostrum	unser	vestrī/vestrum	euer)
Dat.	nōbīs	uns	vōbīs	euch
Akk.	nōs	uns	vōs	euch
Abl.	**nōbīs**		**vōbīs**	
	ā nōbīs	**von uns**	**ā vōbīs**	**von euch**
	nōbīscum	**mit uns**	**vōbīscum**	**mit euch**

§ 67 Bedeutung des Imperfekts

(1) Vōs sōlum armīs pūgnāre in animō habēbātis. — Ihr hattet (immer) nur im Sinn mit Waffen zu kämpfen.

Im Imperfekt werden länger andauernde Handlungen in der Vergangenheit und Zustände der Vergangenheit dargestellt. Bei der Übersetzung ins Deutsche kann man diese Bedeutung der Dauer, den **durativen Aspekt** (dūrāre: dauern) des Imperfekts, verdeutlichen, indem man z.B. ein Adverb wie »immer«, »gewöhnlich« oder das Verb »pflegen« hinzusetzt.

(2) Trōiānī iterum iterumque dē equō cōnsulēbant. — Die Trojaner berieten immer wieder über das Pferd.

Hier bezeichnet das Imperfekt die Wiederholung einer Handlung in der Vergangenheit (**iterativer Aspekt**).

(3) Cassandra Trōiānōs dētinēbat. — Cassandra versuchte die Trojaner abzuhalten.

Das Imperfekt kann auch zum Ausdruck bringen, dass eine Handlung in der Vergangenheit nur versucht wurde. Dieses Imperfekt heißt **imperfectum dē cōnātū**.

!

Bedeutung des Imperfekts: Dauer, Wiederholung, Versuch.

§ 68 Unterschied Perfekt und Imperfekt

Decem annōs Graecī Trōiam oppūgnābant. — Zehn Jahre lang belagerten die Griechen Troja.
Sed decimō annō vir callidus dolum invēnit. — Aber im zehnten Jahr ersann ein schlauer Mann eine List.

Im Imperfekt werden Dinge dargestellt, die den Hintergrund der Erzählung beschreiben, im Perfekt hingegen die einzelnen Geschehnisse, die sich vor diesem Hintergrund ereignen.

Decem annōs Graecī Trōiam oppūgnābant.

Decimō annō vir callidus dolum invēnit.

Auf die Frage »Was war (schon)?« steht das Imperfekt,
auf die Frage »Was geschah (dann)?« das Perfekt.

§ 69 Formen des Imperfekts

	ā-Konjugation vocā-re		**ē-Konjugation** timē-re	
1. Pers. Sg.	vocā-**ba**-m	ich rief	timē-ba-m	ich fürchtete
2. Pers. Sg.	vocā-**bā**-s		timē-bā-s	
3. Pers. Sg.	vocā-**ba**-t		timē-ba-t	
1. Pers. Pl.	vocā-**bā**-mus		timē-bā-mus	
2. Pers. Pl.	vocā-**bā**-tis		timē-bā-tis	
3. Pers. Pl.	vocā-**ba**-nt		timē-ba-nt	

	ī-Konjugation audī-re		**kons. Konjugation** scrīb-e-re	
1. Pers. Sg.	audi-ē-ba-m	ich hörte	scrīb-ē-ba-m	ich schrieb
2. Pers. Sg.	audi-ē-bā-s		scrīb-ē-bā-s	
3. Pers. Sg.	audi-ē-ba-t		scrīb-ē-ba-t	
1. Pers. Pl.	audi-ē-bā-mus		scrīb-ē-bā-mus	
2. Pers. Pl.	audi-ē-bā-tis		scrīb-ē-bā-tis	
3. Pers. Pl.	audi-ē-ba-nt		scrīb-ē-ba-nt	

	kons. Konjugation mit i-Erweiterung cap-e-re	
1. Pers. Sg.	capi-ē-ba-m	ich fing
2. Pers. Sg.	capi-ē-bā-s	
3. Pers. Sg.	capi-ē-ba-t	
1. Pers. Pl.	capi-ē-bā-mus	
2. Pers. Pl.	capi-ē-bā-tis	
3. Pers. Pl.	capi-ē-ba-nt	

Das eingeschobene **-ba-** ist das Kennzeichen[1] für das Imperfekt.

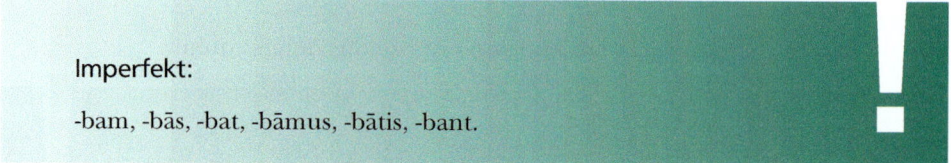

Imperfekt:

-bam, -bās, -bat, -bāmus, -bātis, -bant.

Unregelmäßige Verben

	esse		**posse**		**īre**	
1. Pers. Sg.	eram	ich war	poteram	ich konnte	ī-**ba**-m	ich ging
2. Pers. Sg.	erās		poterās		ī-bā-s	
3. Pers. Sg.	erat		poterat		ī-ba-t	
1. Pers. Pl.	erāmus		poterāmus		ī-bā-mus	
2. Pers. Pl.	erātis		poterātis		ī-bā-tis	
3. Pers. Pl.	erant		poterant		ī-ba-nt	
ebenso: abesse, adesse, dēesse					ebenso: abīre, adīre, circumīre, redīre	

§ 70 Bildeweisen des Perfekts: Reduplikationsperfekt

dare →   dō: ich gebe   **ded**ī: ich gab/ich habe gegeben
crēdere →   crēdō: ich glaube   crē**did**ī: ich glaubte, ich habe geglaubt

Das Verb dare bildet den Perfektstamm durch Wiederholung des Konsonanten d. Man spricht daher von Reduplikationsperfekt.

§ 71 Datīvus fīnālis

Tū, Ulixēs, mihi odiō fuistī.   *Du warst mir zum Hass. = Du warst mir verhasst; ich hasste dich.

Der **datīvus fīnālis** steht oft in Verbindung mit einem weiteren Dativ der Person (hier: mihi) und gibt den Zweck oder die Wirkung an. Meist kann man ihn mit der Frage »Wozu?« erschließen.

---

1   Diesen Einschub nennt man **Tempusmorphem.**

§ 72 Stilmittel: Chiasmus

umbrae flent,

flet etiam Prōserpina.

Die Schatten weinen, es weint sogar Proserpina.

Die zwei Wortgruppen umbrae flent und flet etiam Prōserpina sind spiegelbildlich aufgebaut. Diese Stilfigur nennt man nach dem griechischen Buchstaben X – gesprochen: Chi – Chiasmus. Der Chiasmus hebt hier hervor, wie sehr der Gesang des Orpheus den Schatten und sogar der Herrin der Unterwelt zu Herzen geht.

§ 73 Stilmittel: Anapher

Tantalus ad deōs clāmat:	Tantalus schreit zu den Göttern:
Ō deī,	Ihr Götter,
nōnne amīcus vester sum?	bin ich nicht euer Freund?
Nōnne Iuppiter pater meus est?	Ist Iuppiter nicht mein Vater?

Die Wiederholung eines Wortes zu Beginn eines Satzes oder einer Wortgruppe heißt Anapher. Die Wiederholung des Wortes nōnne hebt hier die Verzweiflung des Tantalus hervor, der vergeblich an die Götter appelliert.

§ 74 Stilmittel: Klimax

Convīviīs deōrum, in quibus cēnāmus, rīdēmus, gaudēmus, intersum.

Ich nehme an den Gelagen der Götter teil, bei denen wir essen, lachen, uns freuen.

Cēnāmus, rīdēmus, gaudēmus: Tantalus will mit diesen drei Verben ausdrücken, wie eng er mit den Göttern vertraut ist. Er isst nicht nur zusammen mit ihnen, sondern lacht mit ihnen und hat Anteil an ihrem freudvollen Leben – er ist somit einer von ihnen. Eine solche Steigerung heißt Klimax.

§ 75 Stilmittel: Alliteration

Tum **t**ū, Ulixēs, mihi odiō fuistī. – **T**ū et **t**ua prūdentia! **T**um **t**ē numquam vīdisse cupīvī.	Damals hasste ich dich, Odysseus. Du und deine Klugheit! Damals wünschte ich, ich hätte dich niemals gesehen.

Wenn zwei oder mehr aufeinander folgende Wörter mit demselben Buchstaben beginnen, spricht man von einer Alliteration. Menelaus macht hier Odysseus schwere Vorwürfe und richtet sich direkt an ihn. Die t-Alliteration verstärkt diese Vorwürfe.

§ 76 Bildeweisen des Perfekts: Stammperfekt

incendere → incendô: ich zünde an   incendî: ich zündete an/ich habe angezündet

Bei einigen Verben zeigt der Perfektstamm gegenüber dem Präsensstamm keine Veränderung; wir sprechen in diesen Fällen von Stammperfekt.

§ 77   u-Deklination

exercitus m.: Heer		
	Singular	Plural
Nom.	exercit-us	exercit-ūs
Gen.	exercit-ūs	exercit-uum
Dat.	exercit-uī	exercit-ibus
Akk.	exercit-um	exercit-ūs
Abl.	exercit-ū	exercit-ibus

Die Substantive der u-Deklination sind meistens maskulin.

Ausnahmen: manus, ūs f.: Hand
                           domus, ūs f.: Haus

Das Substantiv domus wird teilweise nach der o-Deklination dekliniert:

domus f.: Haus		
	Singular	Plural
Nom.	dom-us	dom-ūs
Gen.	dom-ūs	dom-**ōrum** (dom-uum)
Dat.	dom-uī	dom-ibus
Akk.	dom-um	dom-**ōs** (selten dom-ūs)
Abl.	dom-**ō**	dom-ibus

Beachten Sie   domum: nach Hause
                         domī: zu Hause
                         domō: von zu Hause

§ 78 Genitīvus subiectīvus

Der genitīvus subiectīvus gibt an, wer etwas empfindet oder tut:

Ira deōrum māgna est.   Der Zorn der Götter ist groß.

§ 79 Genitīvus obiectīvus

Der genitīvus obiectīvus gibt an, worauf eine Handlung oder ein Gefühl gerichtet ist.

rēgnum Italiae   die Herrschaft über Italien (»Italien« ist
                                         »logisches« Objekt der Herrschaft)
gaudium labōris   die Freude an der Arbeit (»Arbeit« ist
                                         »logisches« Objekt der Freude)

Manchmal ist ein Ausdruck nicht eindeutig:

timor rēgīnae   1. die Furcht der Königin
                                            (genitīvus subiectīvus)
                                         2. die Furcht vor der Königin
                                            (genitīvus obiectīvus)

§ 80 Ortsangaben bei Städtenamen (2)

Trōiānī aliquamdiū Carthāgine   Die Trojaner lebten eine Zeit lang in
vīvēbant.   Karthago.

Bei Städtenamen der konsonantischen Deklination steht auf die Frage »Wo?« der bloße Ablativ (ablātīvus locī). Vgl. Lektion 9, § 65.

§ 81 Adverbiale Gliedsätze

(1) Trōiānī, postquam multa perīcula   Nachdem die Trojaner viele Gefahren
    superāvērunt, tandem ōrae Italiae   überwunden hatten, näherten sie sich
    appropinquāvērunt.   endlich der Küste Italiens.
(2) Sī Carthāgō vōbīs placet, in Āfricā Wenn euch Karthago gefällt, dürft ihr in
    manēre vōbīs licet.   Afrika bleiben.
(3) Aenēās maestus erat, quod ei   Aeneas war traurig, weil er nicht in
    Carthāgine manēre nōn licēbat.   Karthago bleiben durfte.

Im Beispiel 1 gibt der durch postquam eingeleitete Satz einen Zeitpunkt an (Wann näherten sich die Trojaner der Küste Italiens?); im Beispiel 2 stellt der durch sī eingeleitete Satz eine Bedingung (Unter welcher Bedingung dürft ihr bleiben?) und im Beispiel 3 leitet quod eine Begründung ein (Warum war Aeneas unglücklich?). Diese Sätze füllen also, bezogen auf den Hauptsatz, die Satzstelle adverbiale Bestimmung. Daher nennt man sie adverbiale Gliedsätze.

Wie die adverbialen Bestimmungen (vgl. Lektion 1, § 9, 3) haben auch die adverbialen Gliedsätze unterschiedliche semantische Funktionen, die durch die einleitenden Subjunktionen angezeigt werden:

Subjunktion	syntaktische Funktion (Satzstelle)	semantische Funktion	Name des Gliedsatzes
postquam + Perf.: nachdem	adverbiale Bestimmung	Zeit	Temporalsatz
cum: als	adverbiale Bestimmung	Zeit	Temporalsatz
cum: (immer) wenn	adverbiale Bestimmung	Zeit (Wiederholung)	Temporalsatz (Iterativsatz)
cum (subitō): als plötzlich	adverbiale Bestimmung	Zeit	Temporalsatz
ubī prīmum + Perf.: sobald	adverbiale Bestimmung	Zeit	Temporalsatz
sī: wenn/falls	adverbiale Bestimmung	Bedingung	Konditionalsatz
quamquam: obwohl	adverbiale Bestimmung	Einräumung, Gegengrund	Konzessivsatz
ut: wie	adverbiale Bestimmung	Vergleich	Komparativsatz
quod: weil	adverbiale Bestimmung	Grund	Kausalsatz

Beachten Sie

Nach postquam und ubī prīmum steht, auch wenn Vorzeitigkeit zu einem Tempus der Vergangenheit ausgedrückt werden soll, immer das Perfekt.

§ 82 Stilmittel: Parallelismus

Dīdō Aenēam amābat, Aenēās Dīdōnem   Dido liebte Aeneas, Aeneas liebte Dido.
amābat.

Die beiden Sätze sind gleich aufgebaut. Dadurch wird die Zuneigung zwischen
Dido und Aeneas betont. Dieses Stilmittel heißt Parallelismus.

§ 83 Stilmittel: Kombinierte Verwendung von Stilmitteln

Relinque Carthāginem, relinque   Verlasse Karthago, verlasse Dido!
Dīdōnem!

Stilmittel können auch kombiniert werden: Im Beispielsatz sind es Anapher
und Parallelismus.

§ 84 Demonstrativpronomina

1. ille, illa, illud: jener, jene, jenes

(1) Illīs antīquīs temporibus	In jenen alten Zeiten
(2) Pāstōrēs illum relīquērunt.	Die Hirten ließen jenen (Mann) zurück.

Das Demonstrativpronomen ille, illa, illud weist auf etwas hin, was für den Sprecher zeitlich, räumlich oder gefühlsmäßig weit entfernt ist.

Ille, illa, illud kann sowohl wie ein Adjektiv (Beispiel 1) als auch wie ein Substantiv (Beispiel 2) verwendet werden.

	Singular			Plural		
	m.	**f.**	**n.**	**m.**	**f.**	**n.**
Nom.	ille	illa	illud	illī	illae	illa
Gen.	illīus	illīus	illīus	illōrum	illārum	illōrum
Dat.	illī	illī	illī	illīs	illīs	illīs
Akk.	illum	illam	illud	illōs	illās	illa
Abl.	illō	illā	illō	illīs	illīs	illīs

2. iste, ista, istud: dieser (da), diese (da), dieses (da)

Putāsne rē vērā istum sulcum hostibus terrōrī esse?	Glaubst du wirklich, dass diese Furche da Feinde erschrecken kann?
Vidēsne istum?	Siehst du den da?

Dieses Demonstrativpronomen hat häufig einen abwertenden Sinn.

Auch iste, ista, istud kann adjektivisch (Satz 1) oder substantivisch (Satz 2) gebraucht werden.

Iste, ista, istud wird wie ille, illa, illud dekliniert:

	Singular			Plural		
	m.	**f.**	**n.**	**m.**	**f.**	**n.**
Nom.	iste	ista	istud	istī	istae	ista
Gen.	istīus	istīus	istīus	istōrum	istārum	istōrum
Dat.	istī	istī	istī	istīs	istīs	istīs
Akk.	istum	istam	istud	istōs	istās	ista
Abl.	istō	istā	istō	istīs	istīs	istīs

3. hic, haec, hoc: dieser, diese, dies(es)

(1) Diū hīs locīs exspectābant.	Sie warteten lange in dieser Gegend.
(2) Pāstōrēs hunc vīcisse cōnsēnsērunt.	Die Hirten waren übereinstimmend der Meinung, dass dieser (Mann) gesiegt habe.

Im Gegensatz zu ille, illa, illud verweist hic, haec, hoc auf das, was sich für den Sprecher oder die Sprecherin in unmittelbarer räumlicher, zeitlicher oder gefühlsmäßiger Nähe befindet.

Auch hic, haec, hoc kann adjektivisch (Satz 1) oder substantivisch (Satz 2) gebraucht werden.

	Singular			Plural		
	m.	**f.**	**n.**	**m.**	**f.**	**n.**
Nom.	hic	haec	hoc	hī	hae	haec
Gen.	huius	huius	huius	hōrum	hārum	hōrum
Dat.	huic	huic	huic	hīs	hīs	hīs
Akk.	hunc	hanc	hoc	hōs	hās	haec
Abl.	hōc	hāc	hōc	hīs	hīs	hīs

§ 85 Possessivpronomen (Zusammenfassung)

Formen

1. Pers. Sg.	meus, a, um	mein
2. Pers. Sg.	tuus, a, um	dein
3. Pers. Sg.	suus, a, um	sein; ihr vgl. Lektion 5, § 35 und Lektion 7, §§ 43–44
1. Pers. Pl.	noster, nostra, nostrum	unser
2. Pers. Pl.	vester, vestra, vestrum	euer
3. Pers. Pl.	suus, a, um	ihr vgl. Lektion 5, § 35 und Lektion 7, §§ 43–44

Beachten Sie

Der Vokativ von meus heißt mī.

Für die lateinischen Possessivpronomina aller Personen gilt: Sie werden nur verwendet, wenn das Besitzverhältnis besonders betont werden soll.

§ 86 Funktion des Plusquamperfekts

Rōmulus urbem, quam condiderat, ex nōmine suō Rōmam vocāvit.	Romulus nannte die Stadt, die er gegründet hatte, nach seinem Namen Rom.

Zuerst wurde die Stadt gegründet, dann bekam sie einen Namen: Das lateinische Plusquamperfekt drückt also – ebenso wie das deutsche Plusquamperfekt – die **Vorzeitigkeit** zu einer vergangenen Handlung aus.

§ 87 Formen des Plusquamperfekt Aktiv

Die Formen des Plusquamperfekts Aktiv setzen sich zusammen aus dem Perfektstamm und der Endung **-eram, -erās, -erat ...**

	timēre		esse	
1. Pers. Sg.	timu-**eram**	ich hatte gefürchtet	fu-eram	ich war gewesen
2. Pers. Sg.	timu-erās		fu-erās	
3. Pers. Sg.	timu-erat		fu-erat	
1. Pers. Pl.	timu-erāmus		fu-erāmus	
2. Pers. Pl.	timu-erātis		fu-erātis	
3. Pers. Pl.	timu-erant		fu-erant	

§ 88 Genitīvus explicātīvus

nōmen Rōmae	der Name »Rom«

Der Genitiv Rōmae gibt an, welcher Name gemeint ist. Man nennt diesen Genitiv genitīvus explicātīvus (explicāre: erklären). Der genitīvus explicātīvus füllt die Satzstelle Attribut. In der Übersetzung steht statt des Genitivs meist der Nominativ.

§ 89 Neutrum Plural des Demonstrativpronomens

Pāstōrēs, quī haec audīverant …   Die Hirten, die diese Dinge/dies gehört
                                         hatten …

Ebenso wie beim substantivierten Adjektiv im Neutrum Plural (vgl. Lektion 7,
§ 41 und Lektion 8, Anm. zu § 53) ist beim substantivierten Demonstrativpronomen im Neutrum Plural eine wörtliche Übersetzung nicht möglich. Entweder setzt man »Dinge« hinzu oder man gibt die Form mit dem Singular wieder.

§ 90 Substantive der gemischten Deklination

Zur gemischten Deklination gehören die Substantive, welche in allen Kasus die Endungen der konsonantischen Deklination aufweisen, den Genitiv Plural jedoch auf **–ium** bilden.

	urbs f.: Stadt		nāvis f.: Schiff	
	Singular	Plural	Singular	Plural
Nom.	urbs	urb-ēs	nāv-is	nāv-ēs
Gen.	urb-is	urb-**ium**	nāv-is	nāv-**ium**
Dat.	urb-ī	urb-ibus	nāv-ī	nāv-ibus
Akk.	urb-em	urb-ēs	nāv-em	nāv-ēs
Abl.	urb-e	urb-ibus	nāv-e	nāv-ibus

Man unterscheidet zwei Gruppen:
1. Substantive wie urbs, deren Wortstamm auf zwei (oder mehr) Konsonanten endet; z. B.: urbs, u**rb**-is: Stadt; nox, no**ct**-is: Nacht

   Ausnahmen:

   pater, patris → patrum: der Väter
   frāter, frātris → frātrum: der Brüder

2. Zweisilbige Substantive mit der Nominativendung **-is** oder **-ēs**, die im Genitiv gleichfalls zwei Silben haben (»gleichsilbiger Genitiv«); z. B.: cīv-is, cīv-is: Bürger; host-is, host-is: Feind; fam-ēs, fam-is: Hunger

   Ausnahme:

   sēdēs, sēdis → sēdum: der (Wohn-)Sitze

§ 91 Ablātīvus pretiī

Agricolae parvō pretiō agros suōs vendere cōguntur.

Die Bauern werden gezwungen, ihre Felder zu einem geringen Preis zu verkaufen.

Der Ablativ parvō pretiō antwortet hier auf die Frage »Zu welchem Preis?« und gibt an, wie viel etwas kostet. Dieser Ablativ heißt ablātīvus pretiī.

§ 92 Aktiv – Passiv (genera verbī)

Patriciī agrōs emunt.	Die Patrizier kaufen die Äcker.
Agrī ā patriciīs emuntur.	Die Äcker werden von den Patriziern gekauft.

Man kann ein und dasselbe Ereignis aktivisch (agere: tun) oder passivisch (patī: dulden) ausdrücken. Der Sachverhalt bleibt der gleiche.[1]

Camilla	agrōs	colēbat.	Camilla bestellte die Felder.
Subjekt	Akkusativobjekt	Prädikat	

Agrī	ā Camillā	colēbantur.	Die Felder wurden von Camilla bestellt.
Subjekt	adv. Best.	Prädikat	

Im Aktiv ist das grammatische Subjekt zugleich das logische Subjekt (der »Täter«). Im Passiv bezeichnet ā/ab mit Ablativ die handelnde Person (= das logische Subjekt); das grammatische Subjekt ist logisches Objekt.

§ 93 Formen des Passivs

Präsens

	ā-Konjugation vocā-re	ē-Konjugation terrē-re	ī-Konjugation audī-re
1. Pers. Sg.	voc-**or**	terre-or	audi-or
2. Pers. Sg.	vocā-**ris**	terrē-ris	audī-ris
3. Pers. Sg.	vocā-**tur**	terrē-tur	audī-tur
1. Pers. Pl.	vocā-**mur**	terrē-mur	audī-mur
2. Pers. Pl.	vocā-**minī**	terrē-minī	audī-minī
3. Pers. Pl.	voca-**ntur**	terre-ntur	audi-u-ntur
Infinitiv	vocā-**rī** gerufen werden	terrē-**rī** erschreckt werden	audī-**rī** gehört werden

voc-or	ich werde gerufen
terre-or	ich werde erschreckt
audi-or	ich werde gehört

---

1 Nur bei transitiven Verben, d.h. Verben, die ein Akkusativobjekt haben können, ist ein persönliches Passiv möglich. Intransitive Verben, d.h. Verben, die kein Akkusativobjekt haben können, bilden nur ein unpersönliches Passiv. Beispiel: Pūgnātur: Man kämpft.

	konsonantische Konjugation mittere	kons. Konjugation mit i-Erweiterung capere	Endungen
1. Pers. Sg.	mitt-or	capi-or	-(o)r
2. Pers. Sg.	mitt-e-ris	cap-e-ris	-ris
3. Pers. Sg.	mitt-i-tur	cap-i-tur	-tur
1. Pers. Pl.	mitt-i-mur	cap-i-mur	-mur
2. Pers. Pl.	mitt-i-minī	cap-i-minī	-minī
3. Pers. Pl.	mitt-u-ntur	capi-u-ntur	-ntur
Infinitiv	mitt-ī geschickt werden	capī gefangen werden	-rī/-ī

mittor   ich werde geschickt
capior   ich werde gefangen

Imperfekt

	ā-Konjugation vocā-re	ē-Konjugation terrē-re	ī-Konjugation audī-re
1. Pers. Sg. 2. Pers. Sg.	vocā-ba-**r** vocā-bā-**ris** usw.	terrē-ba-r terrē-bā-ris usw.	audi-ēba-r audi-ēbā-ris usw.

vocābar   ich wurde gerufen
terrēbar   ich wurde erschreckt
audiēbar   ich wurde gehört

	konsonantische Konjugation mittere	kons. Konjugation mit i-Erweiterung capere
1. Pers. Sg. 2. Pers. Sg.	mitt-ēba-r mitt-ēbā-ris usw.	capi-ēba-r capi-ēbā-ris usw.

mittēbar   ich wurde geschickt
capiēbar   ich wurde gefangen

§ 94 Übersetzung des Passivs

Im Lateinischen kommt das Passiv häufiger vor als im Deutschen. Das Deutsche bevorzugt oft die aktivische Übersetzung. Deshalb ist es manchmal eleganter das lateinische Passiv nicht mit dem deutschen Passiv zu übersetzen:

A mīlitibus arma capiēbantur.	Die Soldaten griffen zu den Waffen.
Nōs valde terrēbamur.	Wir erschraken heftig.
Bellum fīnīrī debet.	Der Krieg muss ein Ende haben.
Nuntiī mittuntur.	Man schickt Boten.
Timōre vexābar.	Ich quälte mich vor Furcht.
Bōs nōn venditur.	Das Rind lässt sich nicht verkaufen.

§ 95 Der Infinitiv Passiv im aci

Pecūniam Aulō debērī constat.	Es steht fest, dass man Aulus Geld schuldet.
Camilla pecūniam Aulō debērī sciēbat.	Camilla wusste, dass man Aulus Geld schuldete.

Ebenso wie der Infinitiv Aktiv der Gleichzeitigkeit drückt auch der Infinitiv Passiv der Gleichzeitigkeit ein Zeitverhältnis und keine Zeitstufe aus.

§ 96 ipse, ipsa, ipsum: selbst

pater ipse	der Vater selbst; der Vater persönlich; gerade der Vater

	Singular			Plural		
	m.	f.	n.	m.	f.	n.
Nom.	ipse	ipsa	ipsum	ipsī	ipsae	ipsa
Gen.	ipsīus	ipsīus	ipsīus	ipsōrum	ipsārum	ipsōrum
Dat.	ipsī	ipsī	ipsī	ipsīs	ipsīs	ipsīs
Akk.	ipsum	ipsam	ipsum	ipsōs	ipsās	ipsa
Abl.	ipsō	ipsā	ipsō	ipsīs	ipsīs	ipsīs

§ 97 Stilmittel: Antithese

Frūmentum, nōn glōria nōbis dēest.	An Getreide, nicht an Ruhm fehlt es uns.

Hier werden Getreide und Ruhm einander gegenübergestellt. Dieses Stilmittel nennt man Antithese (Gegensatz).

§ 98 Perfekt Passiv

	vocāre	terrēre	mittere
1. Pers. Sg.	vocā**tus, a, um sum**	territus, a, um sum	missus, a, um sum
2. Pers. Sg.	vocātus, a, um es	territus, a, um es	missus, a, um es
3. Pers. Sg.	vocātus, a, um est	territus, a, um est	missus, a, um est
1. Pers. Pl.	vocā**tī, ae, a sumus**	territī, ae, a sumus	missī, ae, a sumus
2. Pers. Pl.	vocātī, ae, a estis	territī, ae, a estis	missī, ae, a estis
3. Pers. Pl.	vocātī, ae, a sunt	territī, ae, a sunt	missī, ae, a sunt
Infinitiv der Vorzeitigkeit	vocā**tum, am, um**[1] **esse** gerufen worden sein	territum, am, um[1] esse erschreckt worden sein	missum, am, um[1] esse geschickt worden sein

vocātus, a, um sum	ich bin gerufen worden, ich wurde gerufen
territus, a, um sum	ich bin erschreckt worden, ich wurde erschreckt
missus, a, um sum	ich bin geschickt worden, ich wurde geschickt

Das Perfekt Passiv besteht aus einer Zweiwortform, nämlich aus dem **Partizip der Vorzeitigkeit**/Partizip Perfekt Passiv, abgekürzt: PPP (z. B. laudātus, laudāta, laudātum; missus, missa, missum), und den Präsensformen des Hilfsverbs esse. Die regelmäßige Bildung des Partizips der Vorzeitigkeit lautet:

ā-Konjugation:	vocāre	→	vocātus, a, um	gerufen
	amāre	→	amātus, a, um	geliebt
ē-Konjugation:	terrēre	→	territus, a, um	erschreckt
ī-Konjugation:	audīre	→	audītus, a, um	gehört
	mūnīre	→	mūnītus, a, um	befestigt

Bei den Verben der konsonantischen Konjugation gibt es keine regelmäßige Partizipbildung. Die Partizipien dieser Verben werden bei den Stammformen im Vokabelverzeichnis aufgeführt.

Die Endungen des Partizips der Vorzeitigkeit sind die der ā- und o-Deklination. Sie stehen in KNG-Kongruenz zum jeweiligen Subjekt. Für die Übersetzung des Perfekt Passiv gelten die gleichen Regeln wie beim Perfekt Aktiv (vgl. Lektion 9, § 61).

---

1 Akkusativ, weil der Infinitiv der Vorzeitigkeit Passiv meist im aci vorkommt

§ 99 Plusquamperfekt Passiv

	vocāre	terrēre	mittere
1. Pers. Sg.	vocāt**us, a, um eram**	territus, a, um eram	missus, a, um eram
2. Pers. Sg.	vocātus, a, um erās	territus, a, um erās	missus, a, um erās
3. Pers. Sg.	vocātus, a, um erat	territus, a, um erat	missus, a, um erat
1. Pers. Pl.	vocāt**ī, ae, a erāmus**	territī, ae, a erāmus	missī, ae, a erāmus
2. Pers. Pl.	vocātī, ae, a erātis	territī, ae, a erātis	missī, ae, a erātis
3. Pers. Pl.	vocātī, ae, a erant	territī, ae, a erant	missī, ae, a erant

vocātus, a, um eram	ich war gerufen worden
territus, a, um eram	ich war erschreckt worden
missus, a, um eram	ich war geschickt worden

Im Plusquamperfekt Passiv bestehen die Zweiwortformen aus dem Partizip der Vorzeitigkeit und dem Imperfekt von esse.

§ 100 Das Partizip der Vorzeitigkeit/Partizip Perfekt Passiv als participium coniūnctum (pc)

Gallī ā Caesare victī Vercingetorīgem dēdidērunt.	Als/Weil die Gallier von Caesar besiegt worden waren, lieferten sie Vercingetorix aus.

Das Partizip victī nimmt eine Zwitterstellung ein:

1. Es hat ein Beziehungswort, an das es sich in Kasus, Numerus und Genus angleicht (KNG-Kongruenz): Gallī.
2. Es bestimmt das Prädikat näher (Wann/Warum lieferten die Gallier Vercingetorix aus?).

Das Partizip füllt daher die Satzstelle Prädikativum (vgl. Lektion 7, § 47) und heißt participium coniūnctum (= verbundenes Partizip). Zusätzliche Angaben zu einem Partizip – hier: ā Caesare – stehen meist zwischen Beziehungswort und Partizip (Klammerstellung).

§ 101 Das Partizip als Attribut

Alesia in monte sita ā Rōmānīs obsessa est.	Das auf einem Berg gelegene Alesia/ Alesia, das auf einem Berg lag, wurde von den Römern belagert.

Manchmal hat das Partizip (sita) keine Beziehung zum Prädikat, sondern charakterisiert wie hier nur sein Beziehungswort (mōns). Man übersetzt es als Partizip oder mit einem Relativsatz. In diesem Fall ist das Partizip als Attribut gebraucht.

§ 102 Übersetzungsmöglichkeiten des Partizips der Vorzeitigkeit als participium coniūnctum

1. Wörtlich, also mit deutschem Partizip (oft holprig):

Die Gallier, von Caesar besiegt, lieferten Vercingetorix aus.

2. Subjunktionaler Gliedsatz (ist als erste Übersetzung zu empfehlen):

Als die Gallier von Caesar besiegt worden waren, lieferten sie Vercingetorix aus.

3. Hauptsatz (oft empfehlenswert, wenn sich das Partizip auf das Subjekt des Satzes bezieht):

Die Gallier wurden von Caesar besiegt und lieferten (daraufhin) Vercingetorix aus.

4. Präpositionaler Ausdruck (gelingt nicht immer):

Nach ihrer Niederlage gegen Caesar lieferten die Gallier Vercingetorix aus.

§ 103 Semantische Funktionen des Partizips der Vorzeitigkeit als participium coniūnctum

Bei der Übersetzung des Partizips muss man genau überlegen, in welchem gedanklichen Verhältnis das Partizip zum übergeordneten Prädikat steht, welche semantische Funktion (Sinnrichtung) es hat.
Im oben genannten Satz empfiehlt sich z.B. die Übersetzung mit einer temporalen oder kausalen Subjunktion.
Auch bei der Übersetzung mit Hauptsatz (Möglichkeit 3) kann die semantische Funktion (Sinnrichtung) zum Ausdruck gebracht werden:
Die Gallier wurden von Caesar besiegt und lieferten anschließend/deshalb Vercingetorix aus.

Ein weiteres Beispiel:

Mīlitēs sarcinīs onerātī per mōntēs pedibus ībant.	Die Soldaten marschierten, obwohl sie mit Gepäck (schwer) beladen waren, zu Fuß durch die Berge.

Hier trifft die konzessive Subjunktion obwohl die semantische Funktion des Partizips.

	temporal	kausal	konzessiv
Gliedsatz	als/nachdem	weil/da	obwohl/obgleich
Hauptsatz	und dann	und deshalb	und trotzdem/dennoch
Präpositionaler Ausdruck	nach	wegen/ aufgrund von	trotz

§ 104 Partizip der Vorzeitigkeit: Zeitverhältnis

Das Partizip der Vorzeitigkeit ist, wie der Infinitiv der Vorzeitigkeit (vgl. Lektion 9, § 63), nach seinem Zeitverhältnis zum Prädikat benannt.

Gallī ā Caesare victī Vercingetorīgem dēdidērunt.

Der Sieg Caesars über die Gallier geht der Auslieferung des Vercingetorix voraus; victī ist also vorzeitig zu dēdidērunt.

§ 105 quīdam, quaedam, quoddam[1]: ein gewisser, (irgend)ein quīdam, quaedam, quiddam[2]: jemand, etwas

(1) Etiam egō quibusdam honōribus affectus sum.

Auch ich wurde mit gewissen/einigen Ehrungen ausgezeichnet.

(2) Caesar nunc ā quibusdam in caelum tollitur.

Caesar wird jetzt von manchen in den Himmel gehoben.

Das Indefinitpronomen (unbestimmtes Fürwort) quīdam, quaedam, quoddam/quiddam ist aus dem Relativpronomen und dem Suffix (Nachsilbe) -dam gebildet. Es kann wie in (1) adjektivisch oder wie in (2) substantivisch verwendet werden. Im Plural übersetzt man es meist mit »einige, manche«.

	Singular m.	f.	n.
Nom.	quīdam	quaedam	quoddam/quiddam
Gen.	cuiusdam	cuiusdam	cuiusdam
Dat.	cuidam	cuidam	cuidam
Akk.	quendam	quandam	quoddam/quiddam
Abl.	quōdam	quādam	quōdam

1 adjektivisch.
2 substantivisch.

	Plural		
	m.	**f.**	**n.**
Nom.	quīdam	quaedam	quaedam
Gen.	quōrundam	quārundam	quōrundam
Dat.	quibusdam	quibusdam	quibusdam
Akk.	quōsdam	quāsdam	quaedam
Abl.	quibusdam	quibusdam	quibusdam

§ 106 Substantivierung des Possessivpronomens

Arvernī et aliī Gallī cum nostrīs
pūgnābant.

Die Arverner und andere Gallier kämpften
mit den Unseren/unseren Soldaten.

Ebenso wie das Adjektiv (vgl. Lektion 7, § 41) und das Demonstrativpronomen
(vgl. Lektion 12, § 84) kann auch das Possessivpronomen als Substantiv verwendet werden, z. B.:

nostrī, ōrum m.: die Unseren/unsere Leute/unsere Soldaten
mea, ōrum n.: das Meine/mein Hab und Gut/meine Dinge

§ 107 Syntaktische Funktion des ablātīvus absolūtus

Oppidō ā Rōmānīs expūgnātō multī Gallī captī sunt.	Nachdem die Stadt von den Römern erobert worden war, wurden viele Gallier gefangen genommen.

Der Wortblock oppidō ā Rōmānīs expūgnātō enthält ein Substantiv im Ablativ und ein Partizip in KNG-Kongruenz. Dieser Wortblock ist – wie der aci und das participium coniūnctum – satzwertig. Bei der Übersetzung mit einem Gliedsatz füllt das Substantiv die Satzstelle Subjekt, das Partizip die Satzstelle Prädikat. Anders als beim participium coniūnctum (= verbundenes Partizip, weil es mit einem anderen Satzglied verbunden ist) hat oppidō ā Rōmānīs expūgnātō im Satz kein Beziehungswort. Daher heißt diese Konstruktion ablātīvus absolūtus (abl. abs.)[1], losgelöster Ablativ.

Ein ablātīvus absolūtus kann ebenso wie ein participium coniūnctum erweitert werden (hier durch ā Rōmānīs). Auch hier stehen die zusätzlichen Angaben zwischen Substantiv und Partizip (Klammerstellung).

§ 108 Übersetzungsmöglichkeiten des ablātīvus absolūtus

Vercingetorīge victō Caesar cōpiās in hīberna redūxit.

1. Subjunktionaler Gliedsatz (ist als erste Übersetzung zu empfehlen):

Als Vercingetorix besiegt worden war / Nachdem er Vercingetorix besiegt hatte, führte Caesar seine Truppen ins Winterlager zurück.

Ein passivischer ablātīvus absolūtus kann auch aktivisch übersetzt werden, wenn, wie hier, das Partizip und das Prädikat dasselbe logische Subjekt (Caesar) haben.

2. Hauptsatz

Vercingetorix war besiegt worden; Caesar führte daraufhin seine Truppen ins Winterlager zurück. / Caesar hatte Vercingetorix besiegt und führte daraufhin die Truppen ins Winterlager zurück.

---

1 Der ablātīvus absolūtus wird auch Ablativ mit Partizip / Ablativ mit Prädikativum (AmP) genannt.

3. Präpositionaler Ausdruck (nicht immer möglich):

Nach seinem Sieg über Vercingetorix führte Caesar seine Truppen ins Winterlager zurück.

§ 109 Semantische Funktionen (Sinnrichtungen) des ablātīvus absolūtus

(1) Oppidō ā Rōmānīs captō multī Gallī interfectī sunt.

a) Nachdem die Stadt von den Römern eingenommen worden war, wurden viele Gallier getötet.

b) Die Stadt war von den Römern eingenommen worden und (daraufhin) wurden viele Gallier getötet.

c) Nach der Einnahme der Stadt durch die Römer wurden viele Gallier getötet.

Der ablātīvus absolūtus beantwortet die Frage »Wann geschieht/geschah etwas?«
Semantische Funktion: temporal.

(2) Equitibus in fugam datīs Vercingetorīx cōpiās in oppidum redūxit.

a) Weil seine Reiter in die Flucht geschlagen worden waren, führte Vercingetorix seine Truppen in die Stadt zurück.

b) Die Reiter waren in die Flucht geschlagen worden; deshalb führte Vercingetorix seine Truppen in die Stadt zurück.

c) *Nach der Vertreibung seiner Reiter in die Flucht führte Vercingetorix seine Truppen in die Stadt zurück.[1]

Der ablātīvus absolūtus beantwortet die Frage »Warum geschieht/geschah etwas?«
Semantische Funktion: kausal.

(3) Vercingetorīge victō Caesar bellum nōn fīnīvit.

a) Obwohl Vercingetorix besiegt worden war, beendete Caesar nicht den Krieg.
b) Vercingetorix war besiegt worden; dennoch beendete Caesar nicht den Krieg.
c) Trotz seines Sieges über Vercingetorix beendete Caesar nicht den Krieg.

Der ablātīvus absolūtus beantwortet die Frage »Welchem Umstand zum Trotz geschieht/geschah etwas?«
Semantische Funktion: konzessiv.

---

1 Die mit einem Sternchen * gekennzeichneten Sätze geben die »wörtliche« Übersetzung wieder, die im Deutschen so nicht bleiben kann.

Bei der Übersetzung ist stets zu bedenken, welche der drei semantischen Funktionen der ablātīvus absolūtus jeweils hat, d. h., in welchem gedanklichen Verhältnis er zum übergeordneten Prädikat steht.

	temporal	kausal	konzessiv
Gliedsatz	als/nachdem	weil/da	obwohl/obgleich
Hauptsatz	und dann	und deshalb	und trotzdem/dennoch
Präpositionaler Ausdruck	nach	wegen/ aufgrund von	trotz

§ 110 Partizip der Vorzeitigkeit im ablātīvus absolūtus: Zeitverhältnis

Proeliō commissō mīlitēs ā Caesare honōribus affectī sunt.
Nachdem die Schlacht geschlagen war, wurden die Soldaten von Caesar geehrt.

Proeliō commissō mīlitēs ā Caesare honōribus afficiuntur.
Nachdem die Schlacht geschlagen ist, werden die Soldaten von Caesar geehrt.

Das Partizip der Vorzeitigkeit bezeichnet, wie der Name schon sagt, auch im ablātīvus absolūtus die Vorzeitigkeit (vgl. Lektion 14, § 104).

§ 111 Nominaler ablātīvus absolūtus

Caesare cōnsule
unter Caesars Konsulat

Duce Timarchide impetus servōrum armātōrum fit/factus est.
Unter der Führung des Timarchides kommt/kam es zu einem Angriff bewaffneter Sklaven.

Statt eines Partizips kann in wenigen Verbindungen auch ein Substantiv stehen. Anders als das Partizip der Vorzeitigkeit bezeichnet das Substantiv die Gleichzeitigkeit zum Prädikat.

§ 112 ferre: bringen, tragen; ertragen

ferre, ferō, tulī, lātum

Das unregelmäßige Verb ferre weicht im Präsens von den Formen der konsonantischen Konjugation ab, mit der es im Imperfekt übereinstimmt.

Präsens			
1. Pers. Sg.	fer-ō	ich trage	fer-o-r
2. Pers. Sg.	fer-s		fer-ris
3. Pers. Sg.	fer-t		fer-tur
1. Pers. Pl.	fer-i-mus		fer-i-mur
2. Pers. Pl.	fer-tis		fer-i-minī
3. Pers. Pl.	fer-u-nt		fer-u-ntur
Imperative	Sg.: fer!		Pl.: ferte!
Imperfekt			
1. Pers. Sg.	ferēbam	ich trug	ferēbar	ich wurde getragen
2. Pers. Sg.	ferēbās		ferēbāris
Perfekt			
1. Pers. Sg.	tulī	ich habe getragen, ich trug	lātus sum	ich bin getragen worden, ich wurde getragen
2. Pers. Sg.	tulistī		lātus es
3. Pers. Sg.	tulit		lātus est
1. Pers. Pl.	tulimus		lātī sumus
2. Pers. Pl.	tulistis		lātī estis
3. Pers. Pl.	tulērunt		lātī sunt
Plusquamperfekt			
1. Pers. Sg.	tuleram	ich hatte getragen	lātus eram	ich war getragen worden
2. Pers. Sg.	tulerās		lātus erās
Infinitiv der Gleichzeitigkeit			
	fer-re	tragen	fer-rī	getragen werden
Infinitiv der Vorzeitigkeit			
	tulisse	getragen haben	lātum, am, um esse	getragen worden sein

§ 113 Indefinitpronomina

1. aliquī, aliqua(e), aliquod: irgendein, irgendeine, irgendein

aliquō locō   an irgendeinem Ort

Das adjektivisch verwendete Indefinitpronomen (unbestimmtes Fürwort) aliquī, aliqua(e), aliquod hat dieselben Endungen wie das Relativpronomen. Ausnahme: Nom. Sg. f. meist aliqua, Nom. und Akk. Pl. n. immer aliqua.

	Singular			Plural		
	m.	**f.**	**n.**	**m.**	**f.**	**n.**
Nom.	aliquī	aliqua(e)	aliquod	aliquī	aliquae	aliqua
Gen.	alicuius	alicuius	alicuius	aliquōrum	aliquārum	aliquōrum
Dat.	alicui	alicui	alicui	aliquibus	aliquibus	aliquibus
Akk.	aliquem	aliquam	aliquod	aliquōs	aliquās	aliqua
Abl.	aliquō	aliquā	aliquō	aliquibus	aliquibus	aliquibus

2. aliquis, aliqua, aliquid: irgendeiner, irgendeine, irgendetwas; jemand, etwas

Aliquis dīcit …   Irgendjemand/Jemand sagt …
aliquid facētē dīcere   etwas auf witzige Art sagen,
                                                   etwas Witziges sagen

Das substantivisch verwendete aliquis, aliqua, aliquid hat außer im Nom. und Akk. Sg. n. dieselben Endungen wie das adjektivisch gebrauchte.

§ 114 Stilmittel: Ironie (»Verstellung«)

Dant sē in fugam mīlitēs istīus praeclārī   Die Soldaten dieses ausgezeichneten Feldimperātōris.   herrn ergreifen die Flucht.

Wenn Verres als praeclārus imperātōr bezeichnet wird, so ist dies nicht ernst gemeint, sondern der Statthalter soll verspottet werden. Als Stilmittel heißt diese »uneigentliche Redeweise« Ironie.

§ 115 Futur 1 Aktiv und Passiv

Quam diū istam vītam ferētis?   Wie lange werdet ihr dieses Leben ertragen?
Quam diū fame vexābiminī?   Wie lange werdet ihr von Hunger gequält werden?
Egō vōbis cōnsulō et semper   Ich sorge für euch und werde immer für euch
cōnsulam.   sorgen.

Künftige Handlungen und Ereignisse werden durch das Futur 1 ausgedrückt.

Formen des Futur 1 Aktiv

	ā-Konjugation vocāre		ē-Konjugation terrēre	
1. Pers. Sg.	vocā-**b**-ō	ich werde rufen	terrē-**b**-ō	ich werde (jemanden) erschrecken
2. Pers. Sg.	vocā-**bi**-s		terrē-**bi**-s	
3. Pers. Sg.	vocā-**bi**-t		terrē-**bi**-t	
1. Pers. Pl.	vocā-**bi**-mus		terrē-**bi**-mus	
2. Pers. Pl.	vocā-**bi**-tis		terrē-**bi**-tis	
3. Pers. Pl.	vocā-**bu**-nt		terrē-**bu**-nt	

Diese Verben bilden das Futur mit dem Tempusmorphem (Morphem = Zeichen) **-b-** (-i- und -u- sind Bindevokale).

Bei den Verben der ī-Konjugation und der konsonantischen Konjugation (einschließlich konsonantische Konjugation mit i-Erweiterung) ist das Futur an dem Tempusmorphem **-e-** (in der 1. Pers. Sg. **-a-**) zu erkennen.

	ī-Konjugation audīre		kons. Konjugation mittere	
1. Pers. Sg.	audi-**a**-m	ich werde hören	mitt-**a**-m	ich werde schicken
2. Pers. Sg.	audi-**ē**-s		mitt-**ē**-s	
3. Pers. Sg.	audi-**e**-t		mitt-**e**-t	
1. Pers. Pl.	audi-**ē**-mus		mitt-**ē**-mus	
2. Pers. Pl.	audi-**ē**-tis		mitt-**ē**-tis	
3. Pers. Pl.	audi-**e**nt		mitt-**e**-nt	

kons. Konjugation mit i-Erweiterung capere	
1. Pers. Sg.	capi-**a**-m ich werde fangen
2. Pers. Sg.	capi-**ē**-s
3. Pers. Sg.	capi-**e**-t
1. Pers. Pl.	capi-**ē**-mus
2. Pers. Pl.	capi-**ē**-tis
3. Pers. Pl.	capi-**e**-nt

-bō, -bis, -bit, -bimus, -bitis, -bunt

-am, -ēs, -et, -ēmus, -ētis, -ent

Sonderformen

	esse	**posse**	**īre**	**ferre**
1. Pers. Sg.	erō ich werde sein	poterō ich werde können	ībō ich werde gehen	feram ich werde tragen
2. Pers. Sg.	eris	poteris	ībis	ferēs
3. Pers. Sg.	erit	poterit	ībit	feret
1. Pers. Pl.	erimus	poterimus	ībimus	ferēmus
2. Pers. Pl.	eritis	poteritis	ībitis	ferētis
3. Pers. Pl.	erunt	poterunt	ībunt	ferent
ebenso:	adesse → aderō dēesse → dēerō		abīre → abībō redīre → redībō	offerre → offeram referre → referam usw.

Formen des Futur 1 Passiv

	ā-Konjugation vocāre	**ē-Konjugation** terrēre

1. Pers. Sg.	vocā-**bo**-r ich werde
	              gerufen werden
		terrē-**bo**-r ich werde er-
		              schreckt werden

2. Pers. Sg.	vocā-**be**-ris	terrē-**be**-ris
3. Pers. Sg.	vocā-**bi**-tur	terrē-**bi**-tur
1. Pers. Pl.	vocā-**bi**-mur	terrē-**bi**-mur
2. Pers. Pl.	vocā-**bi**-minī	terrē-**bi**-minī
3. Pers. Pl.	vocā-**bu**-ntur	terrē-**bu**-ntur

-bor, -beris, -bitur
-bimur, -biminī, -buntur

	ī-Konjugation audīre	**konsonantische Konjugation** mittere

1. Pers. Sg.	audi-**a**-r ich werde
	                        gehört werden
		mitt-**a**-r ich werde
		                        geschickt werden

2. Pers. Sg.	audi-**ē**-ris	mitt-**ē**-ris
3. Pers. Sg.	audi-**ē**-tur	mitt-**ē**-tur
1. Pers. Pl.	audi-**ē**-mur	mitt-**ē**-mur
2. Pers. Pl.	audi-**ē**-minī	mitt-**ē**-minī
3. Pers. Pl.	audi-**e**-ntur	mitt-**e**-ntur

	konsonantische Konjugation mit i-Erweiterung capere	
1. Pers. Sg.	capi-**a**-r	ich werde gefangen werden
2. Pers. Sg.	capi-**ē**-ris	
3. Pers. Sg.	capi-**ē**-tur	
1. Pers. Pl.	capi-**ē**-mur	
2. Pers. Pl.	capi-**ē**-minī	
3. Pers. Pl.	capi-**e**-ntur	

-ar, -ēris, -ētur, -ēmur, -ēminī, -entur

Beachten Sie

In der 2. Person Singular unterscheiden sich das Präsens und das Futur Passiv nur durch die Länge des -e-:

mitteris   du wirst geschickt
mittēris   du wirst geschickt werden

§ 116 Infinitiv der Nachzeitigkeit Aktiv/Infinitiv Futur Aktiv

Num līberōs vestrōs dominīs aliēnīs servītūrōs (esse) vultis?	Wollt ihr etwa (jetzt), dass eure Kinder (später einmal) fremden Herren dienen werden?
Num eōs semper miserōs futūrōs (esse) vultis?	Wollt ihr etwa, dass sie immer unglücklich sein werden?

1. Bildeweise

Der Infinitiv der Nachzeitigkeit Aktiv besteht aus einer Zweiwortverbindung, dem Partizip der Nachzeitigkeit/Partizip Futur Aktiv und esse.

Das Partizip der Nachzeitigkeit Aktiv wird vom Stamm des Partizips der Vorzeitigkeit Passiv abgeleitet:

vocāre	→	vocātus, a, um	→	vocāt-**ūrus, a, um**	einer, der rufen wird
terrēre	→	territus, a, um	→	territ-ūrus, a, um	einer, der erschrecken wird
audīre	→	audītus, a, um	→	audīt-ūrus, a, um	einer, der hören wird
mittere	→	missus, a, um	→	miss-ūrus, a, um	einer, der schicken wird
capere	→	captus, a, um	→	capt-ūrus, a, um	einer, der fangen wird

Beachten Sie

1. Das Partizip der Nachzeitigkeit von esse heißt **futūrus, a, um**, der Infinitiv der Nachzeitigkeit Aktiv also **futūrum, am, um**[1] **esse.** Als Infinitiv der Nachzeitigkeit Aktiv von esse erscheint häufig auch **fore.**
2. Wie beim Infinitiv der Vorzeitigkeit Passiv steht auch beim Infinitiv der Nachzeitigkeit Aktiv das Partizip in KNG-Kongruenz zu seinem Beziehungswort.
3. Beim Infinitiv der Nachzeitigkeit Aktiv kann esse fehlen. Die Form ist dann aus dem Zusammenhang zu ergänzen.

2. Zeitverhältnis

Der Infinitiv der Nachzeitigkeit drückt, wie der Name schon sagt, das Zeitverhältnis der **Nachzeitigkeit** aus, d.h., der durch den Infinitiv der Nachzeitigkeit ausgedrückte Vorgang liegt zeitlich später als die Aussage, die durch das Prädikat des Satzes getroffen wird.

---

1 Akkusativ, weil der Infinitiv der Nachzeitigkeit Aktiv meist im aci vorkommt.

§ 117 Adjektive der i-Deklination

Die Adjektive der i-Deklination haben im Ablativ Singular die Endung **-ī**, im Genitiv Plural **-ium** und im Nominativ und Akkusativ Plural n. **-ia.**

Die Adjektive der i-Deklination werden in drei Gruppen eingeteilt:

1. Zu den so genannten **einendigen** Adjektiven gehören diejenigen, die im Nominativ Singular für alle drei Genera (Genera: Plural von »Genus«) nur eine Endung haben:

   vir fēlīx   ein glücklicher Mann
   mulier fēlīx   eine glückliche Frau
   tempus fēlīx   eine glückliche Zeit

	Singular			Plural		
	m.	f.	n.	m.	f.	n.
Nom.	fēlīx	fēlīx	fēlīx	fēlīc-ēs	fēlīc-ēs	fēlīc-**ia**
Gen.	fēlīc-is	fēlīc-is	fēlīc-is	fēlīc-**ium**	fēlīc-**ium**	fēlīc-**ium**
Dat.	fēlīc-ī	fēlīc-ī	fēlīc-ī	fēlīc-ibus	fēlīc-ibus	fēlīc-ibus
Akk.	fēlīc-em	fēlīc-em	fēlīx	fēlīc-ēs	fēlīc-ēs	fēlīc-**ia**
Abl.	fēlīc-ī	fēlīc-ī	fēlīc-ī	fēlīc-ibus	fēlīc-ibus	fēlīc-ibus

2. Die **zweiendigen** Adjektive haben im Nominativ Singular zwei Endungen, eine gemeinsame für das Maskulinum und Femininum und eine gesonderte für das Neutrum:

   labor difficilis   ein schwierige Arbeit
   rēs difficilis   eine schwierige Sache
   tempus difficile   eine schwierige Zeit

	Singular		
	m.	f.	n.
Nom.	difficil-is	difficil-is	difficil-e
Gen.	difficil-is	difficil-is	difficil-is
Dat.	difficil-ī	difficil-ī	difficil-ī
Akk.	difficil-em	difficil-em	difficil-e
Abl.	difficil-ī	difficil-ī	difficil-ī

	Plural		
	m.	**f.**	**n.**
Nom.	difficil-ēs	difficil-ēs	difficil-**ia**
Gen.	difficil-**ium**	difficil-**ium**	difficil-**ium**
Dat.	difficil-ibus	difficil-ibus	difficil-ibus
Akk.	difficil-ēs	difficil-ēs	difficil-**ia**
Abl.	difficil-ibus	difficil-ibus	difficil-ibus

3. **Dreiendige** Adjektive haben im Nominativ Singular für jedes Genus eine eigene Form:

dolor ācer   ein heftiger Schmerz
vōx ācris   eine scharfe/durchdringende Stimme
proelium ācre   ein heftiges/erbittertes Gefecht

	Singular			Plural		
	m.	**f.**	**n.**	**m.**	**f.**	**n.**
Nom.	ācer	ācr-is	ācr-e	ācr-ēs	ācr-ēs	ācr-**ia**
Gen.	ācr-is	ācr-is	ācr-is	ācr-**ium**	ācr-**ium**	ācr-**ium**
Dat.	ācr-ī	ācr-ī	ācr-ī	ācr-ibus	ācr-ibus	ācr-ibus
Akk.	ācr-em	ācr-em	ācr-e	ācr-ēs	ācr-ēs	ācr-**ia**
Abl.	ācr-ī	ācr-ī	ācr-ī	ācr-ibus	ācr-ibus	ācr-ibus

§ 118 Aussageformen des Verbs (Modi)

Es gibt drei Aussageformen des Verbs (Modi):

1. Indikativ (Wirklichkeitsform): Er geht.
2. Imperativ (Befehlsform): Geh!
3. Konjunktiv (Möglichkeitsform): Er würde gehen/Er ginge. Möge er gehen/Er soll gehen.

§ 119 Semantische Funktion des Konjunktivs im Hauptsatz

(Utinam) audiātur et altera pars!	Auch die andere Seite soll/möge gehört werden!
(Utinam) nē ōrātiōnī vīta dissentiat!	Die Lebensführung soll nicht von dem, was man sagt, abweichen/soll mit dem, was man sagt, übereinstimmen!

Aussagen über die Welt, wie sie ist, stehen im Indikativ (Wirklichkeitsform). Er ist der Modus der Tatsachen, der Realität. Wünsche und Vorstellungen hingegen werden durch den Konjunktiv ausgedrückt.

Der Konjunktiv Präsens (Konjunktiv I der Gleichzeitigkeit) bezeichnet in den beiden Beispielsätzen einen Wunsch, den der Sprecher für erfüllbar hält. Der in dieser Funktion verwendete Konjunktiv heißt **coniūnctīvus optātīvus** (von optāre: wünschen).

Wünsche können auch durch ein zusätzliches utinam verdeutlicht werden. Verneinte Wünsche werden durch nē eingeleitet.

§ 120 Funktionen des Konjunktivs in ut-/nē-Sätzen

In Gliedsätzen steht der Konjunktiv Präsens (Konjunktiv I der Gleichzeitigkeit) zum Ausdruck der Gleichzeitigkeit und/oder der Nachzeitigkeit.

1. Finale Objektsätze

(1) Cūrā, ut valeās.	Sorge dafür, dass du gesund bleibst/gesund zu bleiben.
(2) Nerō optat, nē Othō Rōmae maneat.	Nero wünscht, dass Otho nicht in Rom bleibt.

Die Subjunktionen ut/nē, dass/dass nicht, leiten hier Gliedsätze ein, die einen Wunsch oder ein Begehren bezeichnen. Der Gliedsatz füllt die Satzstelle Objekt: (1) Was soll dir am Herzen liegen?/Wofür sollst du sorgen? (2) Was wünscht Nero?

Die lateinischen Gliedsätze stehen im Konjunktiv, die deutschen meist im Indikativ; des Öfteren (bei gleichem Subjekt in Haupt- und Gliedsatz) ist auch eine Übersetzung mit Infinitiv mit »zu« möglich.

nē nach Verben des Fürchtens und Hinderns

(1) Timeō enim, nē Othōnem laedam.	Ich fürchte nämlich, dass ich Otho verletze/Otho zu verletzen.
(2) Quō modō Nerō prohibet, nē aemulus in urbe sit.	Auf diese Weise verhindert Nero, dass es in der Stadt einen Rivalen gibt.

Wieso man nē in beiden Fällen hier mit dass übersetzt, wird klar, wenn man überlegt, welchen Wunsch der Gliedsatz jeweils ausdrückt: (1) Poppaea will Otho nicht verletzen, fürchtet es aber. (2) Es soll keinen Rivalen in der Stadt geben, und dass es einen geben könnte, möchte Nero verhindern.

timēre, nē; timēre, ut

(1) Poppaea timet, nē Othōnem laedat.	Poppaea fürchtet, dass sie Otho verletzt.
(2) Poppaea timet, nē Nerōnī nōn placeat.	Poppaea fürchtet, dass sie Nero nicht gefällt.
(3) Poppaea timet, ut ā Nerōne invitētur.	Poppaea fürchtet, dass sie nicht von Nero eingeladen wird.

Beachten Sie

timēre, nē: fürchten, dass
timēre, nē … nōn: fürchten, dass … nicht
timēre, ut: fürchten, dass nicht

2. Finale Adverbialsätze

(1) Othō fōrmam uxōris laudat, ut omnibus invidiae sit.	Otho lobt die Schönheit seiner Frau, damit er von allen beneidet wird/um von allen beneidet zu werden.
(2) Nerō Othōnem prōvinciae Lūsitāniae praeficit, nē aemulus in urbe sit.	Nero stellt Otho an die Spitze der Provinz Lusitanien, damit es in der Stadt keinen Nebenbuhler gibt/um in der Stadt keinen Nebenbuhler zu haben.

Die Subjunktionen ut/nē, damit/damit nicht, leiten hier Gliedsätze ein, die einen Zweck oder eine Absicht bezeichnen. Der Gliedsatz füllt die Satzstelle adverbiale Bestimmung: (1) In welcher Absicht lobt Otho die Schönheit seiner Frau? (2) In welcher Absicht stellt Nero Otho an die Spitze der Provinz Lusitanien?

Das Prädikat des ut- oder nē-Satzes steht im Konjunktiv, der deutsche Finalsatz im Indikativ. Oft (bei gleichem Subjekt in Haupt- und Gliedsatz) ist eine Übersetzung mit Infinitiv mit »um zu« möglich.

§ 121 Formen des Konjunktiv Präsens (Konjunktivs I der Gleichzeitigkeit)

ā-Konjugation: vocāre

	Aktiv	Passiv
1. Pers. Sg.	voce-m	voce-r
2. Pers. Sg.	vocē-s	vocē-ris
3. Pers. Sg.	voce-t	vocē-tur
1. Pers. Pl.	vocē-mus	vocē-mur
2. Pers. Pl.	vocē-tis	vocē-minī
3. Pers. Pl.	voce-nt	voce-ntur

ē-Konjugation: terrēre

	Aktiv	Passiv
1. Pers. Sg.	terre-a-m	terre-a-r
2. Pers. Sg.	terre-ā-s	terre-ā-ris
3. Pers. Sg.	terre-a-t	terre-ā-tur
1. Pers. Pl.	terre-ā-mus	terre-ā-mur
2. Pers. Pl.	terre-ā-tis	terre-ā-minī
3. Pers. Pl.	terre-a-nt	terre-a-ntur

ī-Konjugation: audīre

	Aktiv	Passiv
1. Pers. Sg.	audi-a-m	audi-a-r
2. Pers. Sg.	audi-ā-s	audi-ā-ris
3. Pers. Sg.	audi-a-t	audi-ā-tur
1. Pers. Pl.	audi-ā-mus	audi-ā-mur
2. Pers. Pl.	audi-ā-tis	audi-ā-minī
3. Pers. Pl.	audi-a-nt	audi-a-ntur

konsonantische Konjugation: mittere		
	Aktiv	Passiv
	Aktiv	Passiv
1. Pers. Sg.	mitt-**a**-m	mitt-**a**-r
2. Pers. Sg.	mitt-**ā**-s	mitt-**ā**-ris
3. Pers. Sg.	mitt-**a**-t	mitt-**ā**-tur
1. Pers. Pl.	mitt-**ā**-mus	mitt-**ā**-mur
2. Pers. Pl.	mitt-**ā**-tis	mitt-**ā**-minī
3. Pers. Pl.	mitt-**a**-nt	mitt-**a**-ntur

konsonantische Konjugation mit i-Erweiterung: capere		
	Aktiv	Passiv
1. Pers. Sg.	capi-**a**-m	capi-**a**-r
2. Pers. Sg.	capi-**ā**-s	capi-**ā**-ris
3. Pers. Sg.	capi-**a**-t	capi-**ā**-tur
1. Pers. Pl.	capi-**ā**-mus	capi-**ā**-mur
2. Pers. Pl.	capi-**ā**-tis	capi-**ā**-minī
3. Pers. Pl.	capi-**a**-nt	capi-**a**-ntur

	esse	**posse**	**īre**	**ferre**	
				Aktiv	Passiv
1. Pers. Sg.	si-m	possi-m	e-a-m	fer-a-m	fer-a-r
2. Pers. Sg.	sī-s	possī-s	e-ā-s	fer-ā-s	fer-ā-ris
3. Pers. Sg.	si-t	possi-t	e-a-t	fer-a-t	fer-ā-tur
1. Pers. Pl.	sī-mus	possī-mus	e-ā-mus	fer-ā-mus	fer-ā-mur
2. Pers. Pl.	sī-tis	possī-tis	e-ā-tis	fer-ā-tis	fer-ā-minī
3. Pers. Pl.	si-nt	possi-nt	e-a-nt	fer-a-nt	fer-a-ntur

§ 122 Stilmittel: Ellipse

Sermō cōmis nec absurdum ingenium.   *Ihr Gespräch ist charmant und ihr Talent
                                          nicht unbegabt. = Sie kann sich charmant
                                          unterhalten und ist nicht unbegabt.

Im lateinischen Satz fehlt das Prädikat. Es kann jedoch aus dem Zusammenhang leicht ergänzt werden – in der Regel handelt es sich um eine Form von
esse. Dieses Stilmittel heißt Ellipse (Auslassung).

§ 123 Stilmittel: Litótes

Sermō cōmis nec absurdum ingenium.   *Ihr Gespräch ist charmant und ihr Talent nicht unbegabt. = Sie kann sich charmant unterhalten und ist nicht unbegabt.

Der Ausdruck nec absurdum ingenium enthält eine doppelte Verneinung: nicht unbegabt. Dies kann sowohl – abmildernd – ziemlich begabt oder – steigernd – sehr begabt bedeuten. Dieses Stilmittel nennt man Litótes (Abmilderung). Vgl. auch:

nōn numquam: nicht niemals = manchmal
numquam nōn: niemals nicht = immer

§ 124 Stilmittel: Hendiadyoín

Timeō enim, nē Othōnem aut laedam aut offendam.   Ich fürchte nämlich, dass ich Otho verletze oder kränke/dass ich Otho sehr kränke.

Hier wird durch laedam und offendam, zwei bedeutungsähnliche Begriffe, die inhaltliche Aussage verstärkt. Eines der beiden Verben kann im Deutschen auch durch ein Adverb wiedergegeben werden. Dieses Stilmittel heißt Hendiadyoín (Eins durch zwei).

§ 125 Semantische Funktionen des Konjunktiv Präsens (Konjunktivs I der Gleichzeitigkeit) im Hauptsatz

Quid faciam?	Was soll ich tun?
Quid faciāmus?	Was sollen wir tun?

In einer Frage drückt der Konjunktiv Präsens (Konjunktiv I der Gleichzeitigkeit) der 1. Person Singular und Plural eine Überlegung oder einen Zweifel aus. In dieser Funktion heißt er **coniūnctīvus dēlīberātīvus** (dēlīberāre: überlegen) oder **coniūnctīvus dubitātīvus** (dubitāre: zweifeln).

Cūrēmus, ut vīta plēna sit!	Lasst uns dafür sorgen, dass das Leben erfüllt ist!
Nē dēspērēmus!	Lasst uns nicht verzweifeln!

Die 1. Person Plural des Konjunktiv Präsens (Konjunktivs I der Gleichzeitigkeit) bezeichnet eine Aufforderung, die an die eigene Gruppe gerichtet ist. Dieser Konjunktiv heißt **coniūnctīvus adhortātīvus** (adhortārī: auffordern). Verneinte Aufforderungen werden durch nē eingeleitet.

Videant hominēs, ut aequō animō abeant.	Die Menschen sollen sich darum bemühen, dass sie mit Gleichmut aus dem Leben gehen/mit Gleichmut aus dem Leben zu gehen.
Hominēs nē mortem timeant.	Die Menschen sollen den Tod nicht fürchten.

Der Konjunktiv Präsens (Konjunktiv I der Gleichzeitigkeit) der 3. Person Singular oder Plural im Hauptsatz steht zum Zeichen einer nachdrücklichen Aufforderung. Der so gebrauchte Konjunktiv heißt **coniūnctīvus iussīvus** (iubēre: befehlen). Er wird durch nē verneint.

§ 126 Konsekutivsätze

Nēmō tam puer est, ut tenebrās Orcī timeat.	Niemand ist so kindisch, dass er sich vor der Dunkelheit der Unterwelt fürchtet.
Illī tam maestī sunt, ut lacrimās nōn retineant.	Jene sind so traurig, dass sie ihre Tränen nicht zurückhalten können.

Die Subjunktion ut (verneint: ut nōn), sodass (nicht), leitet einen Gliedsatz ein, der eine Folge bezeichnet. Das Prädikat des ut-Satzes steht im Konjunktiv, der

deutsche Gliedsatz im Indikativ. Oft wird der Konsekutivsatz (consecūtiō: Folge) durch ein »Signalwort« – hier: tam – im Hauptsatz vorbereitet.
Ein Konsekutivsatz füllt die Satzstelle adverbiale Bestimmung.

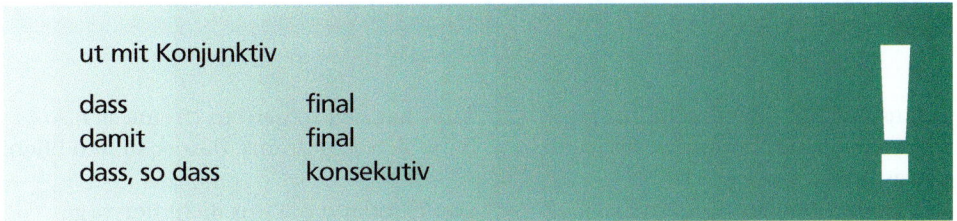

ut mit Konjunktiv

dass	final
damit	final
dass, so dass	konsekutiv

§ 127 Funktion des Konjunktiv Imperfekt (Konjunktivs II der Gleichzeitigkeit)

Sextus tantō gaudiō commōtus est (commovēbātur/commōtus erat), ut cōnsisteret.

Titus hat sich so gefreut (freute sich so/ hatte sich so gefreut), dass er stehen blieb.

Patria nōs nōn genuit (gignēbat/ genuerat), ut tantum nostrīs commodīs servīret.

Das Vaterland hat uns nicht hervorge-bracht (brachte hervor/hatte hervorge-bracht), damit es nur unseren Vorteilen diene.

Pater mē vocāvit (vocābat/vocāverat), ut domum venīrem.

Der Vater hat mich gerufen (rief/hatte gerufen), damit ich nach Hause komme/ käme.

Der Konjunktiv Imperfekt (Konjunktiv II der Gleichzeitigkeit) in einem kon-sekutiven oder finalen Gliedsatz bezeichnet die **Gleichzeitigkeit** (und/oder Nachzeitigkeit), wenn das Prädikat des übergeordneten Satzes in der Vergan-genheit steht. Dabei ist es gleichgültig, um welches Tempus der Vergangenheit es sich handelt (Perfekt, Imperfekt, Plusquamperfekt).

Im Deutschen steht im Konsekutivsatz der Indikativ Imperfekt, im Finalsatz der Indikativ oder Konjunktiv.

§ 128 Formen des Konjunktiv Imperfekt (Konjunktivs II der Gleichzeitigkeit)

ā-Konjugation: vocāre	Aktiv	Passiv
1. Pers. Sg.	vocā-**re**-m	vocā-re-r
2. Pers. Sg.	vocā-**rē**-s	vocā-rē-ris
3. Pers. Sg.	vocā-**re**-t	vocā-rē-tur
1. Pers. Pl.	vocā-**rē**-mus	vocā-rē-mur
2. Pers. Pl.	vocā-**rē**-tis	vocā-rē-minī
3. Pers. Pl.	vocā-**re**-nt	vocā-re-ntur
ē-Konjugation: terrēre	**Aktiv**	**Passiv**
1. Pers. Sg.	terrē-re-m	terrē-re-r
2. Pers. Sg.	terrē-rē-s	terrē-rē-ris
3. Pers. Sg.	terrē-re-t	terrē-rē-tur
1. Pers. Pl.	terrē-rē-mus	terrē-rē-mur
2. Pers. Pl.	terrē-rē-tis	terrē-rē-minī
3. Pers. Pl.	terrē-re-nt	terrē-re-ntur

ī-Konjugation: audīre	Aktiv	Passiv
1. Pers. Sg.	audī-re-m	audī-re-r
2. Pers. Sg.	audī-rē-s	audī-rē-ris
3. Pers. Sg.	audī-re-t	audī-rē-tur
1. Pers. Pl.	audī-rē-mus	audī-rē-mur
2. Pers. Pl.	audī-rē-tis	audī-rē-minī
3. Pers. Pl.	audī-re-nt	audī-re-ntur
konsonantische Konjugation: mittere	**Aktiv**	**Passiv**
1. Pers. Sg.	mitte-re-m	mitte-re-r
2. Pers. Sg.	mitte-rē-s	mitte-rē-ris
3. Pers. Sg.	mitte-re-t	mitte-rē-tur
1. Pers. Pl.	mitte-rē-mus	mitte-rē-mur
2. Pers. Pl.	mitte-rē-tis	mitte-rē-minī
3. Pers. Pl.	mitte-re-nt	mitte-re-ntur
konsonantische Konjugation mit i-Erweiterung: capere	**Aktiv**	**Passiv**
1. Pers. Sg.	cape-re-m	cape-re-r
2. Pers. Sg.	cape-rē-s	cape-rē-ris
3. Pers. Sg.	cape-re-t	cape-rē-tur
1. Pers. Pl.	cape-rē-mus	cape-rē-mur
2. Pers. Pl.	cape-rē-tis	cape-rē-minī
3. Pers. Pl.	cape-re-nt	cape-re-ntur

Sonderformen

esse	essem, essēs, esset, essēmus, essētis, essent
posse	possem, possēs, posset, possēmus, possētis, possent
īre	īrem, īrēs, īret, īrēmus, īrētis, īrent
ferre	ferrem, ferrēs, ferret, ferrēmus, ferrētis, ferrent

Kennzeichen des Konjunktiv Imperfekt
(Konjunktivs II der Gleichzeitigkeit): -re-

§ 129 Die Subjunktion cum mit Konjunktiv

Titus, cum in viīs ambulāret, amīcum vīdit.	Als Titus in den Straßen spazieren ging, sah er einen Freund.
Cum laborāre debeam, ōtium mihi nōn est.	Weil ich arbeiten muss, habe ich keine Zeit.
Cum mē laborāre debēre sciās, mē retinēre studēs.	Obwohl du weißt, dass ich arbeiten muss, versuchst du mich festzuhalten.

cum narrātivum:	**als, nachdem**
cum causāle:	**weil**
cum concessīvum:	**obwohl**

§ 130 Die Subjunktion cum mit Indikativ

Cūnctī servī, cum dominum vident, maximē sēdulī sunt.	Als sie ihren Herrn sehen, sind alle Sklaven besonders fleißig. (Immer) Wenn sie ihren Herrn sehen, sind alle Sklaven besonders fleißig.
Troiānī dē equō cōnsulēbant, cum Cassandra postulāvit: »Equum in mare iacite!«	Die Trojaner berieten sich wegen des Pferdes, als Kassandra (plötzlich) forderte: »Werft das Pferd ins Meer!«

cum: als	temporāle	Dieses cum bestimmt den genauen Zeitpunkt.
cum: (immer) wenn	cum iterātivum	Durch dieses cum werden wiederholte Vorgänge angezeigt (iterāre: wiederholen)
cum: als (plötzlich)	cum inversum	Das wichtigere Ereignis steht im Gliedsatz, die Gewichtung von Haupt- und Nebensatz ist also »umgedreht« (invertiert).

Bei cum ist immer zu prüfen, ob es als Subjunktion einen Gliedsatz einleitet oder in Verbindung mit dem Ablativ als Präposition (z.B.: cum amīcō: mit dem Freund) gebraucht ist.

§ 131 Genitīvus possessīvus (2)

Sapientis est aequō animō mortem obīre.   Es ist Kennzeichen eines Weisen, mit
                                          Gleichmut aus dem Leben zu gehen.
Senātōrum est reī pūblicae cōnsulere.   Es ist Aufgabe der Senatoren, sich um den
                                          Staat zu kümmern.

Als Ergänzung zu est steht der genitīvus possessīvus (vgl. Lektion 4, § 23, 3)
in übertragener Bedeutung im Sinne von »es ist jemandes Sache/Aufgabe/
Pflicht« o.Ä.

§ 132 Funktion des Konjunktiv Plusquamperfekt (Konjunktivs II der Vorzeitigkeit)

Tōnsor, cum tempestātem bonam esse vīdisset, sellam suam in locō pūblicō posuit (pōnēbat/posuerat).	Weil er gesehen hatte, dass das Wetter schön war, stellte ein Friseur seinen Stuhl auf einen öffentlichen Platz (stellte/hatte gestellt).
Iuvenēs, cum ā servī dominō in iūs vocātī essent, dē morte servī accūsātī sunt (accūsābantur/accūsātī erant).	Nachdem die jungen Männer vom Herrn des Sklaven vor Gericht gebracht worden waren, wurden sie wegen des Todes des Sklaven angeklagt (wurden angeklagt/waren angeklagt worden).

Nach einem Vergangenheitstempus im Hauptsatz steht im konjunktivischen Gliedsatz der Konjunktiv Plusquamperfekt (Konjunktiv II der Vorzeitigkeit) zum Ausdruck der **Vorzeitigkeit**.

§ 133 Formen des Konjunktiv Plusquamperfekt (Konjunktivs II der Vorzeitigkeit)

ā-Konjugation: vocāre		
	Aktiv	Passiv
1. Pers. Sg.	vocāv-**isse**-m	vocā**tus, a, um essem**
2. Pers. Sg.	vocāv-**issē**-s	vocātus, a, um essēs
3. Pers. Sg.	vocāv-**isse**-t	vocātus, a, um esset
1. Pers. Pl.	vocāv-**issē**-mus	vocā**tī, ae, a essēmus**
2. Pers. Pl.	vocāv-**issē**-tis	vocātī, ae, a essētis
3. Pers. Pl.	vocāv-**isse**-nt	vocātī, ae, a essent

ē-Konjugation: terrēre		
	Aktiv	Passiv
1. Pers. Sg.	terru-isse-m	territus, a, um essem
2. Pers. Sg.	terru-issē-s	territus, a, um essēs
3. Pers. Sg.	terru-isse-t	territus, a, um esset
1. Pers. Pl.	terru-issē-mus	territī, ae, a essēmus
2. Pers. Pl.	terru-issē-tis	territī, ae, a essētis
3. Pers. Pl.	terru-isse-nt	territī, ae, a essent

ī-Konjugation: audīre

	Aktiv	Passiv
1. Pers. Sg.	audīv-isse-m	audītus, a, um essem
2. Pers. Sg.	audīv-issē-s	audītus, a, um essēs
3. Pers. Sg.	audīv-isse-t	audītus, a, um esset
1. Pers. Pl.	audīv-issē-mus	audītī, ae, a essēmus
2. Pers. Pl.	audīv-issē-tis	audītī, ae, a essētis
3. Pers. Pl.	audīv-isse-nt	audītī, ae, a essent

konsonantische Konjugation: mittere

	Aktiv	Passiv
1. Pers. Sg.	mīs-isse-m	missus, a, um essem
2. Pers. Sg.	mīs-issē-s	missus, a, um essēs
3. Pers. Sg.	mīs-isse-t	missus, a, um esset
1. Pers. Pl.	mīs-issē-mus	missī, ae, a essēmus
2. Pers. Pl.	mīs-issē-tis	missī, ae, a essētis
3. Pers. Pl.	mīs-isse-nt	missī, ae, a essent

konsonantische Konjugation mit i-Erweiterung: capere

	Aktiv	Passiv
1. Pers. Sg.	cēp-isse-m	captus, a, um essem
2. Pers. Sg.	cēp-issē-s	captus, a, um essēs
3. Pers. Sg.	cēp-isse-t	captus, a, um esset
1. Pers. Pl.	cēp-issē-mus	captī, ae, a essēmus
2. Pers. Pl.	cēp-issē-tis	captī, ae, a essētis
3. Pers. Pl.	cēp-isse-nt	captī, ae, a essent

Bildeweise des Konjunktiv Plusquamperfekt (Konjunktivs II der Vorzeitigkeit) Aktiv:

Perfektstamm + -issem, -issēs, -isset, -issēmus, -issētis, -issent

Bildeweise des Konjunktiv Plusquamperfekt (Konjunktiv II der Vorzeitigkeit) Passiv: Partizip Perfekt Passiv + Konjunktiv Imperfekt (Konjunktiv II der Gleichzeitigkeit) von esse

!

§ 134 Der Konjunktiv Plusquamperfekt (Konjunktiv II der Vorzeitigkeit) als Irrealis der Vergangenheit

Nisī dominus dominaque mē tam diū
retinuissent, libenter prius domō exīssem.

Wenn der Herr und die Herrin mich nicht so lange festgehalten hätten, hätte ich gerne das Haus früher verlassen.

Hier wird etwas mitgeteilt, was hätte sein können, aber nicht eingetreten, d.h. irreal ist: Denn in Wirklichkeit ist der Sklave von seinen Herren festgehalten worden und konnte daher das Haus nicht früher verlassen. Weder die gedachte Bedingung (»wenn x gewesen wäre«) noch die gedachte Schlussfolgerung (»dann wäre y eingetreten«) decken sich also mit dem, was in der Vergangenheit tatsächlich passiert ist.

In solchen Fällen steht im Lateinischen ebenso wie im Deutschen der Konjunktiv Plusquamperfekt (Konjunktiv II der Vorzeitigkeit) als Irrealis der Vergangenheit.

§ 135 Der Konjunktiv Imperfekt (Konjunktiv II der Gleichzeitigkeit) als Irrealis der Gegenwart

Sī nōn tam procāx essēs, certē melius
tractārēris.

Wenn du nicht so frech wärst, würdest du sicherlich besser behandelt.

Auch hier wird etwas mitgeteilt, was denkbar wäre, aber nicht der Wirklichkeit entspricht, d.h. irreal ist. Anders als im Beispielsatz § 134 bezieht sich die Aussage hier jedoch nicht auf die Vergangenheit, sondern auf die Gegenwart des Sprechers. Dieser Fall heißt daher Irrealis der Gegenwart. Sowohl im Deutschen wie im Lateinischen steht der Konjunktiv Imperfekt (Konjunktiv II der Gleichzeitigkeit).

§ 136 Irrealis: Mischformen

Sī Paridem prius cōnvēnisset, Helena
nunc Trōiae vīveret.

Wenn sie Paris früher getroffen hätte, würde Helena jetzt in Troja leben.

Wie der Beispielsatz zeigt, können der Irrealis der Vergangenheit und Gegenwart auch innerhalb eines Satzgefüges stehen. Wenn Helena Paris früher getroffen hätte (sie hat ihn aber nicht früher getroffen: Irrealis der Vergangenheit), würde sie jetzt in Troja leben (das tut sie jedoch nicht: Irrealis der Gegenwart).

§ 137 īdem, eadem, idem: derselbe, dieselbe, dasselbe

Das Demonstrativpronomen īdem, eadem, idem ist eine Zusammensetzung aus is, ea, id und der Partikel -dem:

	Singular			Plural		
	m.	**f.**	**n.**	**m.**	**f.**	**n.**
Nom.	īdem	eadem	idem	īdem (iīdem)	eaedem	eadem
Gen.	eiusdem	eiusdem	eiusdem	eōrundem	eārundem	eōrundem
Dat.	eidem	eidem	eidem	eīsdem	eīsdem	eīsdem
				(iīs-, īsdem)	(iīs-, īsdem)	(iīs-, īsdem)
Akk.	eundem	eandem	idem	eōsdem	eāsdem	eadem
Abl.	eōdem	eādem	eōdem	eīsdem	eīsdem	eīsdem
				(iīs-, īsdem)	(iīs-, īsdem)	(iīs-, īsdem)

§ 138 Ortsbestimmungen: Unterschiedliche Sichtweisen des Deutschen und Lateinischen

Aliquandō tōnsor sellam suam in locō pūblicō posuerat.

Einmal hatte ein Friseur seinen Stuhl auf einem öffentlichen Platz aufgestellt/auf einen öffentlichen Platz gestellt.

Populus in forum convenit.

Das Volk versammelt sich auf dem Marktplatz.

Post multōs errōrēs Trōiānī in Italiam advēnērunt.

Nach vielen Irrfahrten trafen die Trojaner in Italien ein/kamen die Trojaner nach Italien.

Bei manchen Ortsangaben haben das Lateinische und Deutsche unterschiedliche Sichtweisen. So betrachtet der Lateiner bei den Verben des Setzens, Stellens, Legens (hier: pōnere) nicht die eigentliche Bewegung, sondern das Ende der Bewegung, den erreichten Ruhepunkt. Er stellt also die Frage »Wo?«, somit steht der Ablativ.

Umgekehrt wird bei den lateinischen Verben des Versammelns, Ankommens (und Meldens) anders als im Deutschen die Bewegung und nicht deren Ende ins Auge gefasst. Daher steht auf die Frage »Wohin«? in diesen Fällen der Akkusativ.

pōnere in aliquō locō: an einem Ort aufstellen
cōnvenīre in aliquem locum: an einem Ort zusammenkommen
advenīre in aliquem locum: an einem Ort ankommen

§ 139 Indirekte Fragesätze

(1a) Quantō in perīculō rēs pūblica est?	In wie großer Gefahr befindet sich der Staat?
(1b) Titus īgnōrat, quantō in perīculō rēs pūblica sit.	Titus weiß nicht, in wie großer Gefahr sich der Staat befindet.
(2a) Quid cēnseō?	Was meine ich?
(2b) Tum ei, quid egō cēnsērem, dīxī.	Dann habe ich ihm gesagt, was ich meine.
(3a) Mēcumne hortōs adīs?	Gehst du mit mir in die Gärten/in den Park?
(3b) Tum quaesīvit, num cum eō hortōs adīrem.	Dann hat er gefragt, ob ich mit ihm in die Gärten/in den Park ginge.
(4a) Cūr ipse ad rem pūblicam nōn accessit?	Warum hat er sich nicht selbst politisch betätigt?
(4b) Tum mihi explicāvit, cūr ipse ad rem pūblicam nōn accessisset.	Dann hat er mir erklärt, warum er sich nicht selbst politisch betätigt habe.

Während in den Beispielen 1a-4a die Fragen direkt an einen Adressaten gestellt werden und selbstständige (Haupt-)Sätze darstellen, sind die Fragesätze in 1b-4b zu Gliedsätzen geworden. Sie füllen die Satzstelle Objekt.

Die Fragen 1b-4b richten sich an kein unmittelbares Gegenüber, sondern werden durch ein Verb des Fragens oder Sagens eingeleitet, d.h., sie sind von einem übergeordneten Prädikat abhängig. Daher heißen diese Sätze abhängige bzw. indirekte Fragesätze.

Wie die direkten Fragen werden auch die indirekten entweder durch ein Interrogativpronomen (z.B. cūr) oder eine Fragepartikel (z.B. num[1] oder -ne in der Bedeutung ob) eingeleitet. Im Lateinischen stehen die indirekten Fragesätze immer im Konjunktiv.

---

1 Anders als bei den direkten Fragen ist num als Einleitung einer indirekten Frage neutral, d.h., es bleibt offen, ob eine positive oder negative Antwort erwartet wird.

Bei den lateinischen indirekten Fragesätzen ist wie bei den anderen konjunktivischen Gliedsätzen auch die Zeitenfolge zu beachten:

einleitendes Prädikat im übergeordneten Satz	indirekter Fragesatz	
	gleichzeitig	vorzeitig
Präsens, Futur	Konjunktiv Präsens (Konjunktiv I der Gleichzeitigkeit)	Konjunktiv Perfekt (Konjunktiv I der Vorzeitigkeit), vgl. Lektion 26, §§ 168–169
Vergangenheitstempus (Perfekt, Imperfekt, Plusquamperfekt)	Konjunktiv Imperfekt (Konjunktiv II der Gleichzeitigkeit)	Konjunktiv Plusquamperfekt (Konjunktiv II der Vorzeitigkeit)

§ 140 Ablātīvus quālitātis

Gēntēs, quī sub septentriōnibus vīvunt, māgnīs corporibus sunt.

Völker, die im Norden wohnen, *sind von großen Körpern/haben große Körper/ sind groß gewachsen.

Dieser Ablativ gibt die Eigenschaft oder Beschaffenheit an und steht hier als Prädikatsnomen zu sunt. Er heißt ablātīvus quālitātis (quālitās: Beschaffenheit).

§ 141 Deponentien

Prōdest interdum aquīs frīgidīs ūtī.   Es ist nützlich, bisweilen kaltes Wasser zu verwenden.

Manche Verben haben passive Formen, werden aber aktivisch übersetzt. Sie heißen, da sie ihre aktiven Formen gleichsam abgelegt haben, Deponentien (Singular: Deponens; dēpōnere: ablegen).
Deponentien gibt es in allen Konjugationen, z.B.:

ā- Konjugation:	vēnārī, vēnor, vēnātus sum	jagen
ē-Konjugation:	verērī, vereor, veritus sum	fürchten
konsonantische Konjugation:	ūtī, ūtor, ūsus sum	gebrauchen, verwenden

Beachten Sie

1. Die Imperative lauten:

Imperativ Singular		**Imperativ Plural**	
vēnā-**re**	jage!	vēnā-**minī**	jagt!
verē-**re**	fürchte!	verē-**minī**	fürchtet!
ūt-e-**re**	gebrauche!	ūt-i-**minī**	gebraucht!

2. Die Deponentien bilden ein aktives Partizip der Gleichzeitigkeit (vgl. §§ 143–148):

vēnāns, vēnantis	jagend
verēns, verentis	fürchtend
ūtēns, ūtentis	gebrauchend

3. Sie bilden ebenfalls ein aktives Partizip der Nachzeitigkeit und einen aktiven Infinitiv der Nachzeitigkeit:

vēnātūrus	einer, der jagen wird
vēnātūrum esse	
veritūrus	einer, der fürchten wird
veritūrum esse	
ūsūrus	einer, der gebrauchen wird
ūsūrum esse	

§ 142 Semideponentien (= Halbdeponentien)

Einige lateinische Verben haben im Präsens, Imperfekt und Futur 1 aktive Formen mit aktiver Bedeutung. Im Perfekt und Plusquamperfekt haben sie jedoch wie die Deponentien passive Formen mit aktiver Bedeutung.

solēre, soleō, solitus sum   pflegen (etwas zu tun), gewohnt sein
gaudēre, gaudeō, gāvīsus sum   sich freuen

§ 143 Das Partizip der Gleichzeitigkeit (Partizip Präsens Aktiv) als Attribut

caput dolēns   der schmerzende Kopf; der Kopf, der wehtut

Dolēns ist ein Partizip der Gleichzeitigkeit (Partizip Präsens Aktiv, abgekürzt PPA); es bestimmt hier das Substantiv caput näher, ist also attributiv verwendet. Es steht in KNG-Kongruenz zu seinem Beziehungswort.

Übersetzungsmöglichkeiten

1. Wörtlich: schmerzend
2. Relativsatz: der schmerzt/wehtut

Vgl. auch die Übersetzung des Partizips der Vorzeitigkeit als Attribut, Lektion 14, § 101.

§ 144 Das Partizip der Gleichzeitigkeit als participium coniūnctum (pc)

Ēbrietās mentem perturbāns   Weil die Trunkenheit den Sinn völlig verwirrt,
voluntāria insānia est.   ist sie freiwilliger Wahnsinn.

Das Partizip der Gleichzeitigkeit perturbāns nimmt hier eine Zwitterstellung ein:

1. Es hat ein Beziehungswort. Hier ist es das Subjekt ēbrietās.
2. Es bestimmt das Prädikat näher (Wieso ist die Trunkenheit freiwilliger Wahnsinn?). Das Partizip füllt daher die Satzstelle Prädikativum und ist participium coniūnctum (= verbundenes Partizip, vgl. Lektion 14, § 100).

§ 145 Übersetzungsmöglichkeiten des Partizips der Gleichzeitigkeit als participium coniūnctum

Im Gegensatz zum Partizip der Vorzeitigkeit ist das Partizip der Gleichzeitigkeit erstens aktivisch und drückt zweitens, wie der Name schon sagt, die Gleichzeitigkeit aus. Die Übersetzungsmöglichkeiten sind grundsätzlich dieselben wie beim Partizip der Vorzeitigkeit (vgl. Lektion 14, § 102):

1. Wörtlich, also mit deutschem Partizip (oft holprig):

   Die Trunksucht, den Sinn völlig verwirrend, ist freiwilliger Wahnsinn.

2. Subjunktionaler Gliedsatz (ist als erste Übersetzung zu empfehlen):

   Weil die Trunksucht den Sinn völlig verwirrt, ist sie freiwilliger Wahnsinn.

3. Hauptsatz (ist zu empfehlen, wenn sich das Partizip auf das Subjekt des Satzes bezieht):

   Die Trunksucht verwirrt völlig den Sinn und ist daher freiwilliger Wahnsinn.

4. Präpositionaler Ausdruck (gelingt nicht immer):

   *Durch die Verwirrung des Sinns ist die Trunksucht freiwilliger Wahnsinn.

§ 146 Semantische Funktionen (Sinnrichtungen) des Partizips der Gleichzeitigkeit als participium coniūnctum

Das Partizip der Gleichzeitigkeit kann dieselben semantischen Funktionen haben wie das Partizip der Vorzeitigkeit:

Seneca praecepta philosophiae explicāns scrīpsit:	Als Seneca die Lehren der Philosophie erklärte, schrieb er:
Semantische Funktion: temporal	
Labor corpus firmāns longam adulēscentiam reddit.	Weil Anstrengung den Körper kräftigt, führt sie zu langer Jugend.
Semantische Funktion: kausal	
Titus medicī lēgēs sequēns saepe aegrōtat.	Obwohl Titus die Anweisungen des Arztes befolgt, ist er oft krank.
Semantische Funktion: konzessiv	

Zusätzlich ist folgende semantische Funktion möglich:

Ēbrietās omne vitium aperiēns verēcundiam tollit.	Indem die Trunkenheit jedes Laster an den Tag bringt, beseitigt sie das Schamgefühl.

Hier antwortet ēbrietās omne vitium aperiēns auf die Frage »Auf welche Weise beseitigt die Trunkenheit das Schamgefühl?«
Semantische Funktion: modal (modus: Art und Weise)

§ 147 Das Partizip der Gleichzeitigkeit im ablātīvus absolūtus

Ēbrietāte omne vitium incendente verēcundia tollitur.	Indem die Trunkenheit jedes Laster anreizt, wird das Schamgefühl aufgehoben.

Ein Partizip der Gleichzeitigkeit kann ebenso wie ein Partizip der Vorzeitigkeit Bestandteil eines ablātīvus absolūtus sein. Die Übersetzungsmöglichkeiten und semantischen Funktionen sind dieselben wie beim ablātīvus absolūtus mit Partizip der Vorzeitigkeit (vgl. Lektion 15, §§ 108–109). Zu berücksichtigen ist aber, dass das Partizip der Gleichzeitigkeit aktivisch ist und, wie der Name sagt, die Gleichzeitigkeit bezeichnet.

§ 148 Bildung und Deklination des Partizips der Gleichzeitigkeit

Das Partizip der Gleichzeitigkeit hat im Nominativ Singular das Kennzeichen -ns, in allen anderen Kasus -nt-. Es wird nach der gemischten Deklination dekliniert (vgl. Lektion 13, § 90); Maskulinum und Femininum haben dieselben Formen.

ā-Konjugation: vocāre				
	Singular **m./f.**	n.	Plural **m./f.**	n.
Nom.	voc**āns**	vocāns	voc**antēs**	vocantia
Gen.	voc**antis**	vocantis	vocantium	vocantium
Dat.	voc**antī**	vocantī	vocantibus	vocantibus
Akk.	voc**antem**	vocāns	vocantēs	vocantia
Abl.	vocante	vocante	vocantibus	vocantibus

Ebenso wird das Partizip der Gleichzeitigkeit der anderen Konjugationen dekliniert:

ē-Konjugation (terrēre): terrēns, terrentis …
ī-Konjugation (audīre): audiēns, audientis …
konsonantische Konjugation (mittere): mittēns, mittentis …
konsonantische Konjugation mit i-Erweiterung (capere): capiēns, capientis …

§ 149 prodesse: nützen

Prōdesse, nützen, hat dieselben Formen wie esse. Vor den mit dem Vokal e beginnenden Formen von esse heißt die Vorsilbe (das Präfix) des Verbs prōd-, vor den mit einem Konsonanten beginnenden Formen prō-.

Indikativ		Konjunktiv	
Präsens	prō-sum prōd-es prōd-est prō-sumus prōd-estis prō-sunt	**Präsens/I der Gleichzeitigkeit**	prō-sim prō-sīs prō-sit prō-sīmus prō-sītis prō-sint
Imperfekt	prōd-eram prōd-erās prōd-erat prōd-erāmus prōd-erātis prōd-erant	**Imperfekt/II der Gleichzeitigkeit**	prōd-essem prōd-essēs prōd-esset prōd-essēmus prōd-essētis prōd-essent
Futur 1	prōd-erō prōd-eris prōd-erit prōd-erimus prōd-eritis prōd-erunt		
Imperativ	prōd-es prōd-este		
Perfekt	prō-fuī prō-fuistī (usw.)		

Indikativ		Konjunktiv	
Plusquamperfekt	prō-fueram prō-fuerās (usw.)	**Plusquamperfekt/** **II der Vorzeitigkeit**	prō-fuissem prō-fuissēs (usw.)
Infinitive **der Gleichzeitigkeit** **der Vorzeitigkeit**	prod-esse prō-fuisse		

§ 150 Steigerung/Komparation[1] des Adjektivs: Formen

Die meisten Adjektive haben drei Steigerungsstufen:

1. Positiv (Grundstufe)   firmus, a, um   sicher
2. Komparativ (1. Steigerungsstufe) firmior, ius   sicherer
3. Superlativ (2. Steigerungsstufe) firmissimus, a, um der Sicherste/am sichersten

Den Komparativ regelmäßiger lateinischer Adjektive erkennt man an den Suffixen[2] **-ior** (Nominativ Singular m. und f.) bzw. **-ius** (Nominativ Singular n.); sie werden an den Wortstamm angehängt:

firmus, a, um	→ firm-**ior, -ius**	sicherer
miser, a, um	→ miser-ior, -ius	unglücklicher
sapiēns, sapientis	→ sapient-ior, -ius	weiser
fidēlis, e	→ fidēl-ior, -ius	zuverlässiger
ācer, ācris, ācre	→ ācr-ior, -ius	schärfer, heftiger

Der Komparativ wird nach der konsonantischen Deklination flektiert[3] (vgl. Lektion 4, § 25).

Den Superlativ erkennt man an der Endung **-issimus, -a, -um**, die ebenfalls an den Wortstamm angehängt wird:

firmus, a, um	→ firm-**issimus, a, um**	der Sicherste
sapiēns, sapientis	→ sapient-issimus, a, um	der Weiseste
fidēlis, e	→ fidēl-issimus, a, um	der Zuverlässigste

Beachten Sie

1. Adjektive auf -er bilden den Superlativ auf **-rimus**:

miser, a, um	→ miser-**rimus, a, um**	der Unglücklichste
ācer, ācris, ācre	→ ācer-rimus, a, um	der Schärfste, Heftigste

2. Facilis und difficilis bilden den Superlativ auf **-limus**:

facilis, e	→ facil-**limus, a, um**	der Leichteste
difficilis, e	→ difficil-limus, a, um	der Schwierigste

---

1 Von comparāre: vergleichen
2 Suffix: Nachsilbe
3 flektieren: beugen

§ 151 Unregelmäßige Steigerung/Komparation

Einige Adjektive haben unregelmäßige Steigerungsformen:

Positiv		Komparativ		Superlativ	
māgnus	groß	māior, ius	größer	maximus	der Größte
parvus	klein	minor, minus	kleiner	minimus	der Kleinste
bonus	gut	melior, ius	besser	optimus	der Beste
malus	schlecht	pēior, ius	schlechter	pessimus	der Schlechteste
multī	viele	plūres, plūra	mehr	plūrimī	die meisten

§ 152 Verwendung und Übersetzungsmöglichkeiten der Steigerungsstufen

1. Komparativ

Quis enim benīgnior est quam tū?   Wer nämlich ist freundlicher als du?
Nihil melius est quam tranquillitās animī. Nichts ist besser als die Seelenruhe.

Der Komparativ dient dazu, zwei Personen oder Dinge miteinander zu vergleichen. Das Verglichene wird hier mit quam, als, angeschlossen.

Cavē autem, nē sevērior fīās.   Hüte dich aber davor, zu streng zu werden.

Manchmal gibt der Komparativ auch an, dass eine Eigenschaft in zu hohem Maße vorhanden ist (»zu …«).

2. Superlativ

Helena pulcherrima omnium mulierum erat.   Helena war die schönste aller Frauen.

Miserrima est vīta, quae amīcīs caret.   Am unglücklichsten ist das Leben, das ohne Freunde ist.

Der Superlativ dient dazu, mehrere Personen oder Dinge zu vergleichen.

3. Elativ

Nihil invēnī nisī superstitiōnem stupidissimam.   Ich habe nur einen sehr/besonders dummen Aberglauben gefunden.

Manchmal bezeichnet der Superlativ nicht die Höchststufe, sondern nur die sehr hohe Stufe einer Eigenschaft (»sehr/besonders …«). In diesem Fall heißt er Elativ.

4. quam + Superlativ: möglichst + Positiv

Pertinācia quam sevērissimē debet
pūnīrī.

(Der) Starrsinn muss möglichst streng
bestraft werden.

§ 153 fierī: werden, geschehen, gemacht werden

Indikativ			
Präsens	1. Pers. Sg.	fīō	ich werde, ich werde gemacht
	2. Pers. Sg	fīs	
	3. Pers. Sg	fit	
	1. Pers. Pl.	fīmus	
	2. Pers. Pl.	fītis	
	3. Pers. Pl.	fīunt	
Imperfekt	1. Pers. Sg.	fiēbam	ich wurde, ich wurde gemacht
	2. Pers. Sg	fiēbās	
Futur 1	1. Pers. Sg.	fīam	ich werde werden, ich werde gemacht werden
	2. Pers. Sg	fīēs	
Perfekt	1. Pers. Sg.	factus sum	ich bin geworden, ich bin gemacht worden
Plus-quamperfekt	1. Pers. Sg.	factus eram	ich war geworden, ich war gemacht worden
Konjunktiv			
Präsens/I der Gleich-zeitigkeit	1. Pers. Sg.	fīam	
	2. Pers. Sg	fīās	
	3. Pers. Sg	fīat	
	1. Pers. Pl.	fīāmus	
	2. Pers. Pl.	fīātis	
	3. Pers. Pl.	fīant	
Imperfekt/II der Gleich-zeitigkeit	1. Pers. Sg.	fierem	
	2. Pers. Sg	fierēs	
Plusquam-perfekt/II der Vorzeitigkeit	1. Pers. Sg.	factus essem	

Infinitive		
der Gleich-zeitigkeit	fierī	werden, geschehen, gemacht werden
der Vor-zeitigkeit	factum, am, um esse	geworden sein, geschehen sein, gemacht worden sein

§ 154 Syntaktische Funktion des Adverbs

Plīnius Chrīstiānōs sevērē tractat.   Plinius behandelt die Christen streng.
Plīnius eōs iterum interrogat.   Plinius verhört sie ein zweites Mal.

In unseren Beispielen erläutern die Wörter sevērē und iterum als Adverbien das Prädikat. Sie füllen die Satzstelle adverbiale Bestimmung.

§ 155 Bildung des Adverbs aus dem Adjektiv

Adjektive der ā- und o-Deklination bilden das Adverb auf **-ē**:

firmus, a, um   → firmē   sicher, auf sichere Weise
miser, a, um   → miserē   elend, auf elende Weise

aber: bonus, a, um → bene: gut

Adjektive der i-Deklination bilden das Adverb auf **-iter/er**:

fortis, e   → fort**iter**   tapfer
sapiēns, sapientis → sapien**ter** weise

aber: facilis, e → facile: leicht

§ 156 Steigerung/Komparation des Adverbs

Auch Adverbien können gesteigert werden:

certē – certius – certissimē   sicher – mit größerer Sicherheit –
                                        am sichersten

fortiter – fortius – fortissimē   tapfer – tapferer – am tapfersten
bene – melius – optimē   gut – besser – am besten

Der Komparativ des Adverbs hat dieselbe Endung wie der Komparativ des Adjektivs im Nominativ und Akkusativ Singular n.
Der Superlativ des Adverbs hat dieselbe Endung wie das Adverb der Adjektive der ā- und o-Deklination.

§ 157 Ablātīvus comparātiōnis

Quis enim sapientior est tē?   Wer nämlich ist weiser als du?

Innerhalb eines Vergleichs kann anstelle von quam + Nominativ/Akkusativ auch ein bloßer Ablativ stehen. Dieser Ablativ heißt ablātīvus comparātiōnis (Ablativ des Vergleichs). Er füllt die Satzstelle adverbiale Bestimmung.

§ 158 velle: wollen; nōlle: nicht wollen; mālle: lieber wollen

velle	nōlle (aus: nōn velle)	mālle (aus: magis velle; magis: mehr; lieber)
volō	nōlō	mālō
voluī	nōluī	māluī

Indikativ				
Präsens	1. Pers. Sg.	volō	nōlō	mālō
	2. Pers. Sg.	vīs	nōn vīs	māvīs
	3. Pers. Sg.	vult	nōn vult	māvult
	1. Pers. Pl.	volumus	nōlumus	mālumus
	2. Pers. Pl.	vultis	nōn vultis	māvultis
	3. Pers. Pl.	volunt	nōlunt	mālunt
Imperfekt	1. Pers. Sg.	volēbam	nōlēbam	mālēbam
	2. Pers. Sg.	volēbās	nōlēbās	mālēbās
		…	…	…
Perfekt	1. Pers. Sg.	voluī	nōluī	māluī
	2. Pers. Sg.	voluistī	nōluistī	māluistī
		…	…	…
Plusquamperfekt	1. Pers. Sg.	volueram	nōlueram	mālueram
	2. Pers. Sg.	voluerās	nōluerās	māluerās
		…	…	…
Futur	1. Pers. Sg.	volam	nōlam	mālam
	2. Pers. Sg.	volēs	nōlēs	mālēs
		…	…	…
Konjunktiv				
Präsens/I der Gleichzeitigkeit	1. Pers. Sg.	velim	nōlim	mālim
	2. Pers. Sg.	velīs	nōlīs	mālīs
	3. Pers. Sg.	velit	nōlit	mālit
	1. Pers. Pl.	velīmus	nōlīmus	mālīmus
	2. Pers. Pl.	velītis	nōlītis	mālītis
	3. Pers. Pl.	velint	nōlint	mālint
Imperfekt/II der Gleichzeitigkeit	1. Pers. Sg.	vellem	nōllem	māllem
	2. Pers. Sg.	vellēs	nōllēs	māllēs
		…	…	…

➡

Konjunktiv				
Plusquamperfekt/II der Vorzeitigkeit	1. Pers. Sg. 2. Pers. Sg.	voluissem voluissēs …	nōluissem nōluissēs …	māluissem māluissēs …
Infinitive				
der Gleichzeitigkeit der Vorzeitigkeit		velle voluisse	nōlle nōluisse	mālle māluisse
Imperativ			nōlī nōlīte	
Partizip der Gleichzeitigkeit		volēns	nōlēns	

§ 159 Syntaktische und semantische Funktionen des Gerundiums

(1) Dēlīberāre licet.   (Das) Nachdenken/Nachzudenken ist erlaubt.

(2) Legere amō.   Ich mag es zu lesen/das Lesen (= ich lese gern).

In Satz 1 füllt der Infinitiv die Satzstelle Subjekt, in Satz 2 die Satzstelle Akkusativobjekt. Er ist in beiden Sätzen wie ein Substantiv verwendet, d.h., er ist substantiviert.

(3) Nūlla est necessitās dēlīberandī.   *Es gibt keine Notwendigkeit des Überlegens. =
                                        Es gibt keine Notwendigkeit zu überlegen.

Die deklinierte Form des Infinitivs heißt Gerundium. Da das Gerundium von einem Verb abgeleitet ist, wird es auch als Verbalsubstantiv bezeichnet. Das Gerundium dēlīberandī füllt hier die Satzstelle Attribut.

Das Gerundium kann auch die Satzstelle adverbiale Bestimmung füllen:

(4) nārrandō   durch (das) Erzählen
    Semantische Funktion: modal

(5) ad dēlīberandum   zum Überlegen/um zu überlegen
    Semantische Funktion: final

(6) in scrībendō   beim Schreiben
    Semantische Funktion: temporal

(7) dēlendī causā   wegen des Zerstörens/um zu zerstören
    Semantische Funktion: final

Das Gerundium kann durch eine adverbiale Bestimmung oder/und ein Objekt ergänzt sein:

(8) necessitās diū dēlīberandī   die Notwendigkeit, lange zu überlegen
(9) facultās omnia recordandī   die Möglichkeit, alles zu überdenken

§ 160 Bildeweise des Gerundiums

ā-Konjugation: vocāre		**ē-Konjugation:** terrēre	
Gen.	voca-**nd**-ī	des Rufens	terre-nd-ī	des Erschrecken
Dat.[1]	voca-**nd**-ō	dem Rufen	terre-nd-ō	dem Erschrecken
Akk.[2]	ad voca-**nd**-um	zum Rufen	terre-nd-um	zum Erschrecken
Abl.	voca-**nd**-ō	durch (das) Rufen	terre-nd-ō	durch (das) Erschrecken

ī-Konjugation: audīre	**kons. Konjugation:** mittere	**kons. Konjugation mit i-Erweiterung:** capere
Gen. audi-e-nd-ī	mitt-e-nd-ī	capi-e-nd-ī
usw.	usw.	usw.

Das Gerundium unregelmäßiger Verben

īre	→	eundī	usw.
ferre	→	ferendī	usw.

Auch bei den Deponentien gibt es eine regelmäßige Bildeweise des Gerundiums; diese Gerundia haben aktive Bedeutung:

vēnārī	→	vēnandī	des Jagens
verērī	→	verendī	des Fürchtens
ūtī	→	ūtendī	des Benutzens

> **!**
> Bildeweise des Gerundiums: Präsensstamm (+ Bindevokal) + -nd- + Singularendungen der o-Deklination

---

1 Der Dativ kommt nur selten vor.
2 Der Akkusativ des Gerundiums steht nur nach einer Präposition.

§ 161 Verneinter Imperativ

Nōlī mē tangere!	Rühr mich nicht an!
Nōlīte mē tangere!	Rührt mich nicht an!

Durch nōlī/nōlīte mit Infinitiv Präsens wird ein verneinter Befehl ausgedrückt.

§ 162 Bildeweise des Gerundivums

vocāre: voca**nd**us, a, um
terrēre: terre**nd**us, a, um
audīre: audie**nd**us, a, um
mittere: mitte**nd**us, a, um
capere: capie**nd**us, a, um

Das Gerundivum ist ein Verbaladjektiv, d.h. ein von einem Verb abgeleitetes Adjektiv. Es ist wie das Gerundium aus dem Präsensstamm und dem Kennzeichen **-nd-** gebildet und wird nach der ā- und o-Deklination dekliniert.

Die Übersetzung des Gerundivums ist abhängig von der Art und Weise, wie es verwendet wird (vgl. § 163 und Lektion 26, §§ 166–167).

§ 163 Das Gerundivum als Attribut

1. Bei Präpositionen

ad odium dēfendendum	zur Verteidigung/Rechtfertigung des Hasses; um den Hass zu verteidigen/zu rechtfertigen
in miseriīs ferendīs	beim Ertragen des Elends; während man das Elend erträgt
populī servandī causā	um das Volk zu retten/zur Rettung des Volkes

Das Gerundivum bei Präpositionen steht in derselben Funktion und Bedeutung wie das Gerundium. Bei den hier angeführten Gerundivkonstruktionen kann das Gerundivum durch ein Substantiv übersetzt werden; oft ist allerdings die Übersetzung mit einem Gliedsatz besser. Die semantische Funktion, die durch die lateinische Präposition angezeigt wird, muss bei der Wahl der Gliedsatzeinleitung berücksichtigt werden.

Gerundivkonstruktion	semantische Funktion	Übersetzung mit
ad odium dēfendendum	final	damit/um zu
in miseriīs ferendīs	temporal	während/bei
populī servandī causā	final	damit/um zu

2. Das Gerundivum im Genitiv

deī venerandī studiōsus   eifrig bemüht, Gott zu verehren
ars cēnae parandae   die Kunst, ein Essen zuzubereiten

In beiden Fällen empfiehlt sich die Übersetzung durch einen Infinitiv mit »zu«.

3. Das Gerundivum im Ablativ

iēiūniīs ferendīs   durch das Ertragen von Fastentagen/des
                                        Fastens; dadurch dass/indem man Fasten-
                                        tage erträgt/indem man fastet

Semantische Funktion: modal

§ 164 Adjektive der konsonantischen Deklination

vetus, veteris   alt
dīves, dīvitis   reich
pauper, pauperis   arm

Diese Adjektive gehören zur konsonantischen Deklination. Sie haben

im Ablativ Singular   die Endung **-e:**   vetere, dīvite, paupere
im Genitiv Plural   die Endung **-um:**   veterum, dīvitum, pauperum
im Nominativ und
Akkusativ Plural n.   die Endung **-a:**   vetera, dīvita, paupera

§ 165 Pronominaladjektive (Zusammenfassung)

Unter dieser Gruppe werden zusammengefasst:

ūnus   ein(er)
sōlus   allein
tōtus   ganz
ūllus   irgendein
alter   der eine (von beiden), der andere
nūllus   kein
alius   ein anderer

Diese Adjektive werden nach der ā- und o-Deklination dekliniert; da sie wie
einige Pronomina (z. B. iste; ipse) den Genitiv Singular auf **-īus** und den Dativ
Singular auf **-ī** bilden, heißen sie Pronominaladjektive.
Der Genitiv Singular von alius lautet alterīus, der Nom. und Akk. Sg. n. lautet
aliud.

§ 166 Das Gerundivum als Prädikatsnomen

Oboedientia discipulīs praebenda est.	* Von den Schülern muss Gehorsam geleistet werden./Die Schüler müssen Gehorsam leisten.
Eīs nōn suō arbitriō vīvendum est.	* Es darf von ihnen nicht nach eigenem Willen gelebt werden./Sie dürfen nicht nach eigenem Willen leben.

Als Prädikatsnomen gibt das Gerundivum in Verbindung mit einer Form von esse an, dass etwas getan werden muss. Wird es verneint, gibt es an, dass etwas nicht getan werden darf.
Im Deutschen ist die Übersetzung durch das Aktiv besser als durch das Passiv.

Die Person, die etwas tun muss oder nicht tun darf, steht im dātīvus auctōris (Dativ des Urhebers).

Voluptātibus suīs ab eīs nōn pārendum est.	Sie dürfen ihren Lüsten nicht gehorchen.

Ist das Gerundivum bereits mit einem Dativobjekt verbunden, kann die Person, die etwas tun muss oder nicht tun darf, mit ā/ab + Ablativ ausgedrückt werden.

§ 167 Das Gerundivum als Prädikativum

Seniōrēs frātrēs, quī peccāverint, abbātī pūniendōs trādunt.	Die Älteren übergeben dem Abt die Brüder, die sich versündigt haben, *als zu bestrafende./… zur Bestrafung./… damit er sie bestrafe.

Das Gerundivum steht in prädikativer Verwendung bei Verben des Gebens (z. B. dare), Übergebens (z. B. trādere) und Überlassens (z. B. permittere) zur Angabe des Zwecks. Es hat wie das Gerundivum als Prädikatsnomen passivische Bedeutung.

Semantische Funktion: final

§ 168 Konjunktiv Perfekt (Konjunktiv I der Vorzeitigkeit)

(1) Sī quī frāter contrārius sānctae
rēgulae inventus sit, admoneātur.

Wenn (irgend)ein Bruder gefunden
werden sollte, der gegen die heilige Regel
verstößt, soll er ermahnt werden.

(2) Sī seniōrēs eum nōn ēmendāverint,
vituperētur pūblicē.

Wenn die Älteren ihn nicht haben
bessern können, soll er öffentlich getadelt
werden.

(3) Nōn quicquam licet habēre, quod
abbās nōn permīserit.

Es ist nicht erlaubt, etwas zu besitzen, was
der Abt nicht erlaubt (hat).

Im Gliedsatz steht der Konjunktiv Perfekt (Konjunktiv I der Vorzeitigkeit) zum
Ausdruck der Vorzeitigkeit.

Da in den Beispielen 1 und 2 sowohl der konditionale Gliedsatz als auch der
Hauptsatz keinen realen Fall, sondern nur eine Möglichkeit bezeichnen, stehen
beide Prädikate im Konjunktiv. Dieser Konjunktiv heißt coniūnctīvus potentiā-
lis. Vgl. Lektion 27, § 173, (3). Zum Konjunktiv in Beispiel 3 vgl. § 170, 2, 4.

§ 169 Formen des Konjunktiv Perfekt
(Konjunktivs I der Vorzeitigkeit)

ā-**Konjugation:** vocāre		
	Aktiv	Passiv
1. Pers. Sg.	vocāv-**eri**-m	vocā**tus, a, um sim**
2. Pers. Sg.	vocāv-**eri**-s	vocātus, a, um sīs
3. Pers. Sg.	vocāv-**eri**-t	vocātus, a, um sit
1. Pers. Pl.	vocāv-**eri**-mus	vocāt**ī, ae, a sīmus**
2. Pers. Pl.	vocāv-**eri**-tis	vocātī, ae, a sītis
3. Pers. Pl.	vocāv-**eri**-nt	vocātī, ae, a sint

ē-**Konjugation:** terrēre		
	Aktiv	Passiv
1. Pers. Sg.	terru-erim	territus, a, um sim
2. Pers. Sg.	terru-eris	territus, a, um sīs
3. Pers. Sg.	terru-erit	territus, a, um sit
1. Pers. Pl.	terru-erimus	territī, ae, a sīmus
2. Pers. Pl.	terru-eritis	territī, ae, a sītis
3. Pers. Pl.	terru-erint	territī, ae, a sint

i-Konjugation: audīre		
	Aktiv	Passiv
1. Pers. Sg.	audīv-erim	audītus, a, um sim
2. Pers. Sg.	audīv-eris	audītus, a, um sīs
3. Pers. Sg.	audīv-erit	audītus, a, um sit
1. Pers. Pl.	audīv-erimus	audītī, ae, a sīmus
2. Pers. Pl.	audīv-eritis	audītī, ae, a sītis
3. Pers. Pl.	audīv-erint	audītī, ae, a sint

konsonantische Konjugation: mittere		
	Aktiv	Passiv
1. Pers. Sg.	mīs-erim	missus, a, um sim
2. Pers. Sg.	mīs-eris	missus, a, um sīs
3. Pers. Sg.	mīs-erit	missus, a, um sit
1. Pers. Pl.	mīs-erimus	missī, ae, a sīmus
2. Pers. Pl.	mīs-eritis	missī, ae, a sītis
3. Pers. Pl.	mīs-erint	missī, ae, a sint

konsonantische Konjugation mit i-Erweiterung: capere		
	Aktiv	Passiv
1. Pers. Sg.	cēp-erim	captus, a, um sim
2. Pers. Sg.	cēp-eris	captus, a, um sīs
3. Pers. Sg.	cēp-erit	captus, a, um sit
1. Pers. Pl.	cēp-erimus	captī, ae, a sīmus
2. Pers. Pl.	cēp-eritis	captī, ae, a sītis
3. Pers. Pl.	cēp-erint	captī, ae, a sint

§ 170 Modi im Relativsatz

1. Relativsätze im Indikativ

Benedictus monachīs praecepta dedit, quae ūsque ad hunc diem observant.

Benedikt gab den Mönchen Vorschriften, die sie bis auf den heutigen Tag befolgen.

Relativsätze, die einen objektiven Sachverhalt wiedergeben, stehen im Indikativ.

2. Relativsätze im Konjunktiv

Steht ein Relativsatz im Konjunktiv, enthält er eine zusätzliche Information, einen so genannten (adverbialen) Nebensinn. Bei der Übersetzung ist darauf zu achten, in welchem Sinnverhältnis der Relativsatz zum übergeordneten Satz steht.

1. kausal

Is autem fräter, quī graviōris culpae noxius sit, suspendātur ā mēnsā.	Der Bruder aber, der sich eines schwereren Vergehens schuldig gemacht hat, soll vom Tisch entfernt werden./Der Bruder aber soll, weil er sich eines schwereren Vergehens schuldig gemacht hat, vom Tisch entfernt werden.

2. final

Ēliguntur ūnus aut duo seniōres, quī circumeant monastērium.	Einer oder zwei Ältere werden ausgewählt, damit sie im Kloster umhergehen/die im Kloster umhergehen sollen.

3. konzessiv

Fräter, quī in lectiōne dīvīnā occupātus esse dēbeat, vacat otiō.	Ein Bruder, der mit der Lektüre der Bibel beschäftigt sein sollte, gibt sich dem Nichtstun hin./Ein Bruder gibt sich, obwohl er mit der Lektüre der Bibel beschäftigt sein sollte, dem Nichtstun hin.

4. konsekutiv

Nōn quicquam licet habēre, quod abbās nōn permīserit.	Es ist nicht erlaubt, etwas zu besitzen, was (so beschaffen ist, dass es) der Abt nicht erlaubt hat.

In den Beispielen 1–3 lassen sich die konjunktivischen Relativsätze durch einen adverbialen Gliedsatz übersetzen. Lateinische Relativsätze mit kausalem oder konzessivem Nebensinn dürfen auch durch einen deutschen Relativsatz wiedergegeben werden (dann ist der Nebensinn allerdings nicht mehr erkennbar). Ein finaler Nebensinn muss aber zum Ausdruck kommen. Der konsekutive Nebensinn (Beispiel 4) wird im Deutschen meist nicht wiedergegeben. Er lässt sich erklären, indem man »so beschaffen, dass« einfügt.

§ 171 Prohibitiv

Nē hoc dīxeris!	Sag das nicht!
Nē hoc dīxeritis!	Sagt das nicht!

Ein an die 2. Person gerichtetes Verbot (verneinter Imperativ) wird durch nē + Konjunktiv Perfekt (Konjunktiv I der Vorzeitigkeit) (coniūnctīvus prohibitīvus) gebildet. Das Perfekt bezeichnet hier nicht die Vergangenheit und wird daher präsentisch übersetzt.

Zum verneinten Imperativ vgl. auch Lektion 24, § 161.

§ 172 nci als Satzglied

Quīdam philosophī aliud dīcere atque facere trāditī sunt.	* Manche Philosophen sind überliefert, anders zu reden als zu handeln. Es ist überliefert, dass manche Philosophen anders reden als handeln.

In unserem Beispielsatz sind zwei Aussagen miteinander verknüpft: Manche Philosophen reden anders, als sie handeln – so hat man überliefert. Werden die beiden Teilaussagen in einem Satz miteinander verbunden, steht das Prädikat im Passiv, die Person (oder Sache), über die etwas ausgesagt wird, tritt (als Subjekt) in den Nominativ und das, was sie tut, in den Infinitiv. Nominativ und Infinitiv füllen zusammen die Satzstelle Subjekt.

Im nci steht auch das Prädikatsnomen im Nominativ:

Antronius stultus esse vidētur.	Antronius scheint dumm zu sein./ Es scheint, dass Antronius dumm ist.

Übersetzung des nci

Monachī librōs nōn legere iussī sunt.	Es wurde befohlen, dass die Mönche keine Bücher lesen sollen.
Magdalia ērudīta fuisse dīcitur.	Es wird gesagt/Man sagt, dass Magdalia gebildet gewesen sei.

Das Prädikat wird unpersönlich übersetzt. Der nci (der sich nur selten, wie bei vidērī, »wörtlich« wiedergeben lässt) kann immer mit einem dass-Satz übersetzt werden: Der Nominativ wird zum Subjekt, der Infinitiv zum Prädikat. Beim Tempus gelten dieselben Regeln wie beim aci: Der Infinitiv der Gleichzeitigkeit drückt die Gleichzeitigkeit, der Infinitiv der Vorzeitigkeit die Vorzeitigkeit und der Infinitiv der Nachzeitigkeit die Nachzeitigkeit aus.

§ 173 Konditionalsätze (Zusammenfassung)

(1) Sī hoc dīcis, errās.	Wenn du das (wirklich) sagst, irrst du dich.
(2) Sī hoc dīxistī, errāvistī.	Wenn du das (wirklich) gesagt hast, hast du dich geirrt.
(3) Sī hoc dīcās (dīxeris), errēs (errāveris).	Wenn du dies sagen solltest (und das wäre möglich), würdest du dich irren.
(4) Sī hoc dīcerēs, errārēs.	Wenn du dies sagen würdest (aber das ist nicht der Fall), würdest du dich irren.
(5) Sī hoc dīxissēs, errāvissēs.	Wenn du das gesagt hättest (aber du hast es nicht gesagt), hättest du dich geirrt.

In den Sätzen 1 und 2 zeigt der Indikativ, dass von einem tatsächlichen Fall ausgegangen wird **(Realis)**.

Der Konjunktiv Präsens (Konjunktiv I der Gleichzeitigkeit) (oder Perfekt/Konjunktiv I der Vorzeitigkeit) in Satz 3 drückt aus, dass es nach Ansicht des Sprechers zwar nicht sicher, aber durchaus möglich ist, dass der Angesprochene jene Aussage macht **(Potentialis)**. Innerhalb des Potentialis hat das Perfekt keine Zeitbedeutung und wird präsentisch wiedergegeben.

In den Sätzen 4 und 5 zeigen der Konjunktiv Imperfekt (Konjunktiv II der Gleichzeitigkeit) bzw. Plusquamperfekt (Konjunktiv II der Vorzeitigkeit), dass der Sprecher zwar die Möglichkeit in Betracht zieht, aber davon ausgeht, dass sie nicht eintritt (Konjunktiv Imperfekt/Konjunktiv II der Gleichzeitigkeit) bzw. nicht eingetreten ist (Konjunktiv Plusquamperfekt/Konjunktiv II der Vorzeitigkeit). Das im Konjunktiv Imperfekt (Konjunktiv II der Gleichzeitigkeit) stehende Satzgefüge heißt **Irrealis der Gegenwart**, das im Konjunktiv Plusquamperfekt (Konjunktiv II der Vorzeitigkeit) stehende – hier werden Bedingung und Folgerung als »vergangen«, d. h. als nicht mehr gegeben, betrachtet – **Irrealis der Vergangenheit**.

Konditionalsatz	Semantische Funktion
Indikativ Präsens	Realis der Gegenwart
Indikativ Perfekt	Realis der Vergangenheit
Konjunktiv Präsens (Konjunktiv I der Gleichzeitigkeit)/Perfekt (Konjunktiv I der Vorzeitigkeit)	Potentialis der Gegenwart
Konjunktiv Imperfekt (Konjunktiv II der Gleichzeitigkeit)	Irrealis der Gegenwart
Konjunktiv Plusquamperfekt (Konjunktiv II der Vorzeitigkeit)	Irrealis der Vergangenheit

Vgl. Lektion 20, §§ 134–136.

§ 174 Futur 2

Egō, cum reverterō, rēgī māgnam aurī cōpiam dabō.	Ich werde, *wenn ich zurückgekehrt sein werde = wenn ich zurückgekehrt bin/ wenn ich zurückkehre, dem König eine große Menge Gold übergeben.

Das Futur 2 (»vollendete Zukunft«) drückt die Vorzeitigkeit zu einem Futur 1 aus. Das Futur 2 ist im Deutschen ungebräuchlich und wird meist mit dem Perfekt oder Präsens übersetzt.

Bildeweise

Das Futur 2 Aktiv setzt sich zusammen aus dem Perfektstamm und den Endungen **-erō, -eris, -erit, -erimus, -eritis, -erint**:

	vocāre	
1. Pers. Sg.	vocāv-**erō**	* ich werde gerufen haben
2. Pers. Sg.	vocāv-**eris**	
3. Pers. Sg.	vocāv-**erit**	
1. Pers. Pl.	vocāv-**erimus**	
2. Pers. Pl.	vocāv-**eritis**	
3. Pers. Pl.	vocāv-**erint**	

Das Futur 2 Passiv setzt sich zusammen aus dem Partizip der Vorzeitigkeit und dem Futur 1 von esse:

	vocāre	
1. Pers. Sg.	vocāt**us, a, um erō**	* ich werde gerufen worden sein
2. Pers. Sg.	vocātus, a, um eris	
3. Pers. Sg.	vocātus, a, um erit	
1. Pers. Pl.	vocāt**ī, ae, a erimus**	
2. Pers. Pl.	vocātī, ae, a eritis	
3. Pers. Pl.	vocātī, ae, a erunt	

Auch das Futur 2 der Deponentien wird aktivisch übersetzt:
pollicitus erō: * ich werde versprochen haben

§ 175 Zeitenfolge (cōnsecūtiō temporum)

Das Lateinische achtet im Allgemeinen sehr viel genauer auf das Zeitverhältnis als das Deutsche. Ausschlaggebend für das Tempus des konjunktivischen Gliedsatzes ist das Tempus des Prädikats im übergeordneten Satz.

Columbus incolās īnsulae interrogat/ interrogābit, cūr timeant – cūr timuerint.	Kolumbus fragt die Inselbewohner/wird die Inselbewohner fragen, warum sie Angst haben – warum sie Angst gehabt haben.
Columbus aliquōs hominēs in vīllās mittit/mittet, ut cum incolīs loquantur.	Kolumbus schickt einige Männer in die Dörfer/wird einige Männer in die Dörfer schicken, damit sie mit den Einwohnern reden.
Incolae īnsulae ā Columbō interrogātī sunt/interrogābantur/interrogātī erant, cūr timērent.	Die Inselbewohner sind von Kolumbus gefragt worden/wurden gefragt/waren gefragt worden, warum sie Angst hätten.
Aliquī hominēs ā Columbō in vīllās missī sunt/mittēbantur/missī erant, ut cum incolīs loquerentur.	Einige Männer sind von Kolumbus in die Dörfer geschickt worden/wurden geschickt/waren geschickt worden, damit sie mit den Einwohnern redeten.

Übergeordneter Satz	Gliedsatz im Konjunktiv		
	gleichzeitig	vorzeitig	nachzeitig
Präsens, Futur 1	Präsens (Konjunktiv I der Gleichzeitigkeit)	Perfekt (Konjunktiv I der Vorzeitigkeit)	Präsens[1] (Konjunktiv I der Gleichzeitigkeit)
Perfekt, Imperfekt, Plusquamperfekt	Imperfekt (Konjunktiv II der Gleichzeitigkeit)	Plusquamperfekt (Konjunktiv II der Vorzeitigkeit)	Imperfekt[2] (Konjunktiv II der Gleichzeitigkeit)

Steht im übergeordneten Satz ein Haupttempus (Präsens oder Futur 1), so steht im konjunktivischen Gliedsatz zur Bezeichnung der Gleichzeitigkeit Konjunktiv

1   Die Umschreibung des Futurs mithilfe des Konjunktiv Präsens (Konjunktiv I der Gleichzeitigkeit) und des Partizips der Nachzeitigkeit (z.B. vocātūrus sim) findet sich fast nur in indirekten Fragesätzen.
2   Die Umschreibung des Futurs mithilfe des Konjunktiv Imperfekt (Konjunktiv II der Gleichzeitigkeit) und des Partizips der Nachzeitigkeit (z.B. vocātūrus essem) findet sich fast nur in indirekten Fragesätzen.

Präsens (Konjunktiv I der Gleichzeitigkeit), zur Bezeichnung der Vorzeitigkeit Konjunktiv Perfekt (Konjunktiv I der Vorzeitigkeit) und zur Bezeichnung der Nachzeitigkeit Konjunktiv Präsens[1] (Konjunktiv I der Gleichzeitigkeit).

Steht im übergeordneten Satz ein Nebentempus (Perfekt, Imperfekt oder Plusquamperfekt), so steht im konjunktivischen Gliedsatz zur Bezeichnung der Gleichzeitigkeit Konjunktiv Imperfekt (Konjunktiv II der Gleichzeitigkeit), zur Bezeichnung der Vorzeitigkeit Konjunktiv Plusquamperfekt (Konjunktiv II der Vorzeitigkeit) und zur Bezeichnung der Nachzeitigkeit Konjunktiv Imperfekt[2] (Konjunktiv II der Gleichzeitigkeit).

§ 176 Ōrātiō oblīqua

Columbus scrībit: »Incolae, quī illās īnsulās habitant, tam pavidī sunt, ut statim fugam arripuerint.«	Kolumbus schreibt: »Die Leute, die jene Inseln bewohnen, sind so furchtsam, dass sie sofort die Flucht ergriffen haben.«
Columbus scrībit/scrībet incolās, quī illās īnsulās habitent, tam pavidōs esse, ut statim fugam arripuerint.	Kolumbus schreibt/wird schreiben, dass die Leute, die jene Inseln bewohnen, so furchtsam seien, dass sie sofort die Flucht ergriffen hätten.
Columbus scrīpsit/scrībēbat/scrīpserat incolās, quī illās īnsulās habitārent, tam pavidōs esse, ut statim fugam arripuissent.	Kolumbus hat geschrieben/schrieb/hatte geschrieben, dass die Leute, die jene Inseln bewohnten, so furchtsam seien, dass sie sofort die Flucht ergriffen hätten.

In der indirekten Rede (ōrātiō oblīqua) treten die lateinischen Hauptsätze in den aci, die indikativischen Gliedsätze in den Konjunktiv. Der Modus der konjunktivischen Gliedsätze bleibt unverändert.

Für die lateinischen konjunktivischen Gliedsätze gelten die Regeln der Zeitenfolge (cōnsecūtiō temporum; vgl. § 175).

Steht innerhalb der indirekten Rede ein Relativsatz im Indikativ, so handelt es sich um einen eigenen Zusatz/Kommentar des Berichterstatters:

Trāditum est Chrīstophorum Columbum, in mare, quod ab illō Indicum appellābatur, pervēnisse.	Es ist überliefert, dass Christoph Kolumbus in ein Meer, das von ihm das indische Meer genannt wurde, gekommen war.

---

1 Die Umschreibung des Futurs mithilfe des Konjunktiv Präsens (Konjunktiv I der Gleichzeitigkeit) und des Partizips der Nachzeitigkeit (z.B. vocātūrus sim) findet sich fast nur in indirekten Fragesätzen.

2 Die Umschreibung des Futurs mithilfe des Konjunktiv Imperfekt (Konjunktiv II der Gleichzeitigkeit) und des Partizips der Nachzeitigkeit (z.B. vocātūrus essem) findet sich fast nur in indirekten Fragesätzen.

§ 177 Die indirekte Rede im Deutschen

Im Deutschen steht die indirekte Rede im Konjunktiv, und zwar

– im Konjunktiv I, wenn die entsprechende Form nicht mit der Form des Indikativs zusammenfällt:

Kolumbus schreibt, die Einwohner seien furchtsam.

– im Konjunktiv II, wenn die entsprechende Form des Konjunktivs I mit der Form des Indikativ Präsens zusammenfällt:

Kolumbus schreibt, die Leute seien so furchtsam, dass sie die Flucht ergriffen hätten (und nicht: die Flucht ergriffen haben).

– Ist das Prädikat des Gliedsatzes vorzeitig zum Prädikat des die indirekte Rede einleitenden Satzes, so steht im Deutschen der Konjunktiv I:

Kolumbus sagt (wird sagen/hat gesagt/sagte/hatte gesagt), er habe eine neue Insel entdeckt und sei darüber sehr glücklich gewesen.

§ 178 Substantive der i-Deklination

Bei einigen wenigen Substantiven wie turris, is f., Turm, und mare, maris n., Meer, endet der Wortstamm auf -i; sie gehören zur i-Deklination.

	turris f.: Turm		mare n.: Meer	
	Singular	Plural	Singular	Plural
Nom.	turr-i-s	turr-ēs	mar-e	mar-**i-a**
Gen.	turr-i-s	turr-**i-um**	mar-i-s	mar-**i-um**
Dat.	turr-ī	turr-i-bus	mar-ī	mar-i-bus
Akk.	turr-**i-m**	turr-**ī-s** (turr-ēs)	mar-e	mar-**i-a**
Abl.	turr-**ī**	turr-i-bus	mar-**ī**	mar-i-bus

Ebenso: sitis, is f.: Durst

Beachten Sie

Im Unterschied zur konsonantischen Deklination endet der Ablativ Singular immer auf **-ī**, der Genitiv Plural immer auf **-ium**.
Die femininen Substantive der i-Deklination bilden darüber hinaus den Akkusativ Singular auf **-im**, die Neutra den Nominativ und Akkusativ Plural auf **-ia**.

Anhang

Deklination der Substantive

ā-Deklination

		serva f. Sklavin	
		Singular	Plural
Nom.		serv-a	serv-ae
Gen.		serv-ae	serv-ārum
Dat.		serv-ae	serv-īs
Akk.		serv-am	serv-ās
Abl.		cum serv-ā	cum serv-īs

o-Deklination

	Masculina auf -us und -er		
	dominus (Haus-)Herr	puer Junge	magister Lehrer
Singular			
Nom.	domin-us	puer	magister
Gen.	domin-ī	puer-ī	magistr-ī
Dat.	domin-ō	puer-ō	magistr-ō
Akk.	domin-um	puer-um	magistr-um
Abl.	cum domin-ō	cum puer-ō	cum magistr-ō
Vok.	domin-e		
Plural			
Nom.	domin-ī	puer-ī	magistr-ī
Gen.	domin-ōrum	puer-ōrum	magistr-ōrum
Dat.	domin-īs	puer-īs	magistr-īs
Akk.	domin-ōs	puer-ōs	magistr-ōs
Abl.	cum domin-īs	cum puer-īs	cum magistr-īs
Neutra			
tēctum Dach			

	tēctum Dach	
	Singular	Plural
Nom.	tēct-um	tēct-a
Gen.	tēct-ī	tēct-ōrum
Dat.	tēct-ō	tēct-īs
Akk.	tēct-um	tēct-a
Abl.	tēct-ō	tēct-īs

konsonantische Deklination

	Masculina und Feminina		
	labor m. Arbeit	rēx m. König	cīvitās f. Bürgerschaft
Singular			
Nom.	labor	rēx	cīvitās
Gen.	labōr-is	rēg-is	cīvitāt-is
Dat.	labōr-ī	rēg-ī	cīvitāt-ī
Akk.	labōr-em	rēg-em	cīvitāt-em
Abl.	labōr-e	cum rēg-e	cīvitāt-e
Plural			
Nom.	labōr-ēs	rēg-ēs	cīvitāt-ēs
Gen.	labōr-um	rēg-um	cīvitāt-um
Dat.	labōr-ibus	rēg-ibus	cīvitāt-ibus
Akk.	labōr-ēs	rēg-ēs	cīvitāt-ēs
Abl.	labōr-ibus	cum rēg-ibus	cīvitāt-ibus
	Neutra		
	tempus n. Zeit	nōmen n. Name	
Singular			
Nom.	tempus	nōmen	
Gen.	tempor-is	nōmin-is	
Dat.	tempor-ī	nōmin-ī	
Akk.	tempus	nōmen	
Abl.	tempor-e	nōmin-e	
Plural			
Nom.	tempor-a	nōmin-a	
Gen.	tempor-um	nōmin-um	
Dat.	tempor-ibus	nōmin-ibus	
Akk.	tempor-a	nōmin-a	
Abl.	tempor-ibus	nōmin-ibus	

ē-Deklination

	rēs f. Sache	diēs m. Tag		
	Singular		Plural	
Nom.	r-ēs	di-ēs	rē-s	di-ēs
Gen.	r-eī	di-ēī	r-ērum	di-ērum
Dat.	r-eī	di-ēī	r-ēbus	di-ēbus
Akk.	r-em	di-em	r-ēs	di-ēs
Abl.	r-ē	di-ē	r-ēbus	di-ēbus

u-Deklination

	exercitus m. Heer	
	Singular	Plural
Nom.	exercit-us	exercit-ūs
Gen.	exercit-ūs	exercit-uum
Dat.	exercit-uī	exercit-ibus
Akk.	exercit-um	exercit-ūs
Abl.	exercit-ū	exercit-ibus

i-Deklination

	turris f. Turm mare n. Meer			
	Singular		Plural	
Nom.	turr-i-s	mare	turr-ēs	mar-ia
Gen.	turr-i-s	mar-is	turr-ium	mar-ium
Dat.	turr-ī	mar-ī	turr-ibus	mar-ibus
Akk.	turr-im	mare	turr-īs (turr-ēs)	mar-ia
Abl.	turr-ī	mar-ī	turr-ibus	mar-ibus

gemischte Deklination

	urbs f. (Groß-)Stadt nāvis f. Schiff clādēs f. Niederlage		
Singular			
Nom.	urbs	nāv-is	clād-ēs
Gen.	urb-is	nāv-is	clād-is
Dat.	urb-ī	nāv-ī	clād-ī
Akk.	urb-em	nāv-em	clād-em
Abl.	urb-e	nāv-e	clād-e
Plural			
Nom.	urb-ēs	nāv-ēs	clād-ēs
Gen.	urb-ium	nāv-ium	clād-ium
Dat.	urb-ibus	nāv-ibus	clād-ibus
Akk.	urb-ēs	nāv-ēs	clād-ēs
Abl.	urb-ibus	nāv-ibus	clād-ibus

Deklination der Adjektive

Adjektive der ā- und o-Deklination

auf -us:	bonus, bona, bonum gut		
Singular	**m.**	**f.**	**n.**
Nom.	bon-us	bon-a	bon-um
Gen.	bon-ī	bon-ae	bon-ī
Dat.	bon-ō	bon-ae	bon-ō
Akk.	bon-um	bon-am	bon-um
Abl.	bon-ō	bon-ā	bon-ō
Vok.	bon-e		
Plural			
Nom.	bon-ī	bon-ae	bon-a
Gen.	bon-ōrum	bon-ārum	bon-ōrum
Dat.	bon-īs	bon-īs	bon-īs
Akk.	bon-ōs	bon-ās	bon-a
Abl.	bon-īs	bon-īs	bon-īs
auf -(e)r:	pulcher, pulchra, pulchrum schön		
Singular	**m.**	**f.**	**n.**
Nom.	pulcher	pulchr-a	pulchr-um
Gen.	pulchr-ī	pulchr-ae	pulchr-ī
Dat.	pulchr-ō	pulchr-ae	pulchr-ō
Akk.	pulchr-um	pulchr-am	pulchr-um
Abl.	pulchr-ō	pulchr-ā	pulchr-ō
Plural			
Nom.	pulchr-ī	pulchr-ae	pulchr-a
Gen.	pulchr-ōrum	pulchr-ārum	pulchr-ōrum
Dat.	pulchr-īs	pulchr-īs	pulchr-īs
Akk.	pulchr-ōs	pulchr-ās	pulchr-a
Abl.	pulchr-īs	pulchr-īs	pulchr-īs
miser, misera, miserum arm			
Singular	**m.**	**f.**	**n.**
Nom.	miser	miser-a	miser-um
Gen.	miser-ī	miser-ae	miser-ī
	usw.	usw.	usw.

Adjektive der i-Deklination

Die Adjektive der i-Deklination haben im Nominativ Singular entweder wie ācer, ācris, ācre drei verschiedene Formen (dreiendiges Adjektiv), wie admīrābilis, admīrābilis, admīrābile zwei verschiedene Formen (zweiendiges Adjektiv) oder aber wie fēlīx, fēlīx, fēlīx nur eine Form (einendiges Adjektiv).

	ācer, ācris, ācre scharf			difficilis, difficilis, difficile schwierig	
Singular	**m.**	**f.**	**n.**	**m. und f.**	**n.**
Nom.	ācer	ācr-is	ācr-e	difficil-is	difficil-e
Gen.	ācr-is	ācr-is	ācr-is	difficil-is	difficil-is
Dat.	ācr-ī	ācr-ī	ācr-ī	difficil-ī	difficil-ī
Akk.	ācr-em	ācr-em	ācr-e	difficil-em	difficil-e
Abl.	ācr-ī	ācr-ī	ācr-ī	difficil-ī	difficil-ī
Plural					
Nom.	ācr-ēs	ācr-ēs	ācr-ia	difficil-ēs	difficil-ia
Gen.	ācr-ium	ācr-ium	ācr-ium	difficil-ium	difficil-ium
Dat.	ācr-ibus	ācr-ibus	ācr-ibus	difficil-ibus	difficil-ibus
Akk.	ācr-ēs	ācr-ēs	ācr-ia	difficil-ēs	difficil-ia
Abl.	ācr-ibus	ācr-ibus	ācr-ibus	difficil-ibus	difficil-ibus

	fēlīx, fēlīx, fēlīx glücklich			
	m. und f.	**n.**	**m. und f.**	**n.**
	Singular		Plural	
Nom.	fēlīx	fēlīx	fēlīc-ēs	fēlīc-ia
Gen.	fēlīc-is	fēlīc-is	fēlīc-ium	fēlīc-ium
Dat.	fēlīc-ī	fēlīc-ī	fēlīc-ibus	fēlīc-ibus
Akk.	fēlīc-em	fēlīx	fēlīc-ēs	fēlīc-ia
Abl.	fēlīc-ī	fēlīc-ī	fēlīc-ibus	fēlīc-ibus

Deklination des Komparativs der Adjektive

	doctior, doctior, doctius gelehrter			
	m. und f.	**n.**	**m. und f.**	**n.**
	Singular		Plural	
Nom.	doct-ior	doct-ius	doctiōr-ēs	doctiōr-a
Gen.	doctiōr-is	doctiōr-is	doctiōr-um	doctiōr-um
Dat.	doctiōr-ī	doctiōr-ī	doctiōr-ibus	doctiōr-ibus
Akk.	doctiōr-em	doct-ius	doctiōr-ēs	doctiōr-a
Abl.	doctiōr-e	doctiōr-e	doctiōr-ibus	doctiōr-ibus

Deklination des Partizips der Gleichzeitigkeit

	vocāns rufend			
	m. und f.	**n.**	**m. und f.**	**n.**
	Singular		Plural	
Nom.	vocāns	vocāns	vocant-ēs	vocant-ia
Gen.	vocant-is	vocant-is	vocant-ium	vocant-ium
Dat.	vocant-ī	vocant-ī	vocant-ibus	vocant-ibus
Akk.	vocant-em	vocāns	vocant-ēs	vocant-ia
Abl.	vocant-e	vocant-e	vocant-ibus	vocant-ibus

Personalpronomina

	1. Pers. Sg.		2. Pers. Sg.	
Nom.	egō	ich	tū	du
(Gen.	meī	meiner	tuī	deiner)
Dat.	mihi	mir	tibi	dir
Akk.	mē	mich	tē	dich
Abl.	mē		tē	
	ā mē	von mir	ā tē	von dir
	mēcum	mit mir	tēcum	mit dir
	1. Pers. Pl.		2. Pers. Pl.	
Nom.	nōs	wir	vōs	ihr
(Gen.	nostrī/nostrum	unser	vestrī/vestrum	euer)
Dat.	nōbīs	uns	vōbīs	euch
Akk.	nōs	uns	vōs	euch
Abl.	nōbīs		vōbīs	
	ā nōbīs	von uns	ā vōbīs	von euch
	nōbīscum	mit uns	vōbīscum	mit euch

Reflexivpronomen

Singular und Plural		
Nom.	–	
Gen.	suī	seiner, ihrer
Dat.	sibi	sich
Akk.	sē	sich
Abl.	sē (sēcum)	(mit) sich

Possessivpronomina

meus, a, um	mein	noster, nostra, nostrum	unser
tuus, a, um	dein	vester, vestra, vestrum	euer
suus, a, um	sein, ihr	suus, a, um	ihr

Die Possessivpronomina werden wie Adjektive der ā- und o-Deklination dekliniert.

Relativpronomen

	qui, quae, quod welcher, welche, welches; der, die, das					
Singular	**m.**	**f.**	**n.**	**m.**	**f.**	**n.**
	quī	quae	quod	der	die	das
	cuius	cuius	cuius	dessen	deren	dessen
	cui	cui	cui	dem	der	dem
	quem	quam	quod	den	die	das
	quō	quā	quō	durch den	durch die	durch das, wodurch
Plural						
	quī	quae	quae	die	die	die
	quōrum	quārum	quōrum	deren	deren	deren
	quibus	quibus	quibus	denen	denen	denen
	quōs	quās	quae	die	die	die
	quibus	quibus	quibus	durch die	durch die	durch die
In Verbindung mit cum: quōcum, quācum, quibuscum						

Demonstrativpronomina

is, ea, id	dieser, diese, dies(es); er, sie, es
hic, haec, hoc	dieser, diese, dies(es)
ille, illa, illud	jener, jene, jenes
iste, ista, istud	dieser (da), diese (da), dieses (da)
ipse, ipsa, ipsum	selbst
idem, eadem, idem	derselbe, dieselbe, dasselbe

	Singular			Plural		
Nom.	is	ea	id	iī	eae	ea
Gen.	eius	eius	eius	eōrum	eārum	eōrum
Dat.	ei	ei	ei	iīs	iīs	iīs
Akk.	eum	eam	id	eōs	eās	ea
Abl.	eō	eā	eō	iīs	iīs	iīs

Dativ und Ablativ Plural haben auch die Form eīs.

	Singular			Plural		
Nom.	hic	haec	hoc	hī	hae	haec
Gen.	huius	huius	huius	hōrum	hārum	hōrum
Dat.	huic	huic	huic	hīs	hīs	hīs
Akk.	hunc	hanc	hoc	hōs	hās	haec
Abl.	hōc	hāc	hōc	hīs	hīs	hīs

	Singular			Plural		
Nom.	ille	illa	illud	illī	illae	illa
Gen.	illīus	illīus	illīus	illōrum	illārum	illōrum
Dat.	illī	illī	illī	illīs	illīs	illīs
Akk.	illum	illam	illud	illōs	illās	illa
Abl.	illō	illā	illō	illīs	illīs	illīs

Ebenso: iste, ista, istud   dieser (da), diese (da), dieses (da)

	Singular			Plural		
Nom.	ipse	ipsa	ipsum	ipsī	ipsae	ipsa
Gen.	ipsīus	ipsīus	ipsīus	ipsōrum	ipsārum	ipsōrum
Dat.	ipsī	ipsī	ipsī	ipsīs	ipsīs	ipsīs
Akk.	ipsum	ipsam	ipsum	ipsōs	ipsās	ipsa
Abl.	ipsō	ipsā	ipsō	ipsīs	ipsīs	ipsīs

	Singular			Plural		
Nom.	īdem	eadem	idem	iīdem	eaedem	eadem
Gen.	eiusdem	eiusdem	eiusdem	eōrundem	eārundem	eōrundem
Dat.	eīdem	eīdem	eīdem	iīsdem	iīsdem	iīsdem
Akk.	eundem	eandem	idem	eōsdem	eāsdem	eadem
Abl.	eōdem	eādem	eōdem	iīsdem	iīsdem	iīsdem

Dativ und Ablativ Plural haben auch die Form īsdem.

Interrogativpronomina

	substantivisch			
Singular	**m. und f.**		**n.**	
Nom.	quis?	wer?	quid?	was?
Gen.	cuius?	wessen?	cuius?	wessen?
Dat.	cui?	wem?	cui?	wem?
Akk.	quem?	wen?	quid?	was?
Abl.	ā quō?	von wem?	quō?	wovon? wodurch?
	quocum?	mit wem?		

Das adjektivische Interrogativpronomen ist gleich dem Relativpronomen.

Indefinitpronomina

substantivisch	
aliquis, aliqua, aliquid	irgendeiner, irgendeine, irgendetwas; jemand, etwas
adjektivisch	
aliquī, aliqua(e), aliquod	irgendein, irgendeine, irgendein

Diese Indēfīnīta werden nach dem Muster von quis, quid bzw. quī, quae, quod dekliniert.

quisquam, quicquam		(irgend)jemand, (irgend)etwas
	m. und f.	**n.**
Nom.	quisquam	quicquam
Gen.	cuiusquam	cuiusquam
	usw.	

quisque, quidque quisque, quaeque, quodque		jeder, jedes jeder, jede, jedes		
	substantivisch		adjektivisch	
	m. und f. **n.**		**m.** **f.** **n.**	
Nom.	quisque quidque		quisque quaeque quodque	
Gen.	cuiusque cuiusque		cuiusque cuiusque cuiusque	
	usw. usw.		usw. usw. usw.	

uterque, utraque, utrumque		jeder (von beiden), jede (von beiden), jedes (von beiden)	
	m.	**f.**	**n.**
Nom.	uterque	utraque	utrumque
Gen.	utrīusque	utrīusque	utrīusque
Dat.	utrīque	utrīque	utrīque
Akk.	utrumque	utramque	utrumque
Abl.	utrōque	utrāque	utrōque

quīdam, quaedam, quoddam/quiddam ein gewisser, (irgend)ein/jemand, etwas						
	substantivisch			adjektivisch		
	m.	**f.**	**n.**	**m.**	**f.**	**n.**
Nom.	quīdam	quaedam	quiddam	quīdam	quaedam	quoddam
Gen.	cuiusdam	cuiusdam	cuiusdam	cuiusdam	cuiusdam	cuiusdam
Dat.	cuidam	cuidam	cuidam	cuidam	cuidam	cuidam
Akk.	quendam	quandam	quiddam	quendam	quandam	quoddam
Abl.	quōdam	quādam	quōdam	quōdam	quādam	quōdam
				usw., aber Gen. Pl.:		
				quōrundam, quārundam, quōrundam		

	nēmō niemand	nihil nichts
Nom.	nēmō	nihil
Gen.	nūllīus	nūllīus reī
Dat.	nēminī	nūllī reī
Akk.	nēminem	nihil
Abl.	nūllō	nūllā rē

Pronominaladjektive

Zu den Prononimaladjektiven gehören:

ūnus, ūna, ūnum	ein(er), eine, ein(es)
sōlus, a, um	allein
tōtus, a, um	ganz
ūllus, ūlla, ūllum	irgendein, irgendeine, irgendein
alter, altera, alterum	der eine/andere, die eine/andere, das eine/andere (von beiden)
nūllus, nūlla, nūllum	kein, keine, kein
alius, alia, aliud	ein anderer, eine andere, ein anderes

Sie bilden alle den Genitiv Singular auf -īus und den Dativ Singular auf -ī.

Beachten Sie

alius, alia, aliud hat im Genitiv Singular alterīus (Dativ Singular: aliī).

	nūllus, nūlla, nūllum kein, keine, kein					
	Singular			Plural		
	m.	**f.**	**n.**	**m.**	**f.**	**n.**
Nom.	nūllus	nūlla	nūllum	nūllī	nūllae	nūlla
Gen.	nūllīus	nūllīus	nūllīus	nūllōrum	nūllārum	nūllōrum
Dat.	nūllī	nūllī	nūllī	nūllīs	nūllīs	nūllīs
Akk.	nūllum	nūllam	nūllum	nūllōs	nūllās	nūlla
Abl.	nūllō	nūllā	nūllō	nūllīs	nūllīs	nūllīs

Formen des Präsensstammes

Indikativ Aktiv

ā-Konjugation	ē-Konjugation	ī-Konjugation	konsonantische Konjugation	kons. Konjugation mit i-Erweiterung
Präsens				
voc-ō	terre-ō	audi-ō	mitt-ō	capi-ō
vocā-s	terrē-s	audī-s	mitt-i-s	cap-i-s
voca-t	terre-t	audi-t	mitt-i-t	cap-i-t
vocā-mus	terrē-mus	audī-mus	mitt-i-mus	cap-i-mus
vocā-tis	terrē-tis	audī-tis	mitt-i-tis	cap-i-tis
voca-nt	terre-nt	audi-u-nt	mitt-u-nt	capi-u-nt
Imperfekt				
vocā-ba-m	terrē-ba-m	audī-ēba-m	mitt-ēba-m	capi-ēba-m
vocā-bā-s	terrē-bā-s	audī-ēbā-s	mitt-ēbā-s	capi-ēbā-s
vocā-ba-t	terrē-ba-t	audī-ēba-t	mitt-ēba-t	capi-ēba-t
vocā-bā-mus	terrē-bā-mus	audī-ēbā-mus	mitt-ēbā-mus	capi-ēbā-mus
vocā-bā-tis	terrē-bā-tis	audī-ēbā-tis	mitt-ēbā-tis	capi-ēbā-tis
vocā-ba-nt	terrē-ba-nt	audī-ēba-nt	mitt-ēba-nt	capi-ēba-nt
Futur 1				
vocā-bō	terrē-bō	audī-a-m	mitt-a-m	capi-a-m
vocā-bi-s	terrē-bi-s	audī-ē-s	mitt-ē-s	capi-ē-s
vocā-bi-t	terrē-bi-t	audī-e-t	mitt-e-t	capi-e-t
vocā-bi-mus	terrē-bi-mus	audī-ē-mus	mitt-ē-mus	capi-ē-mus
vocā-bi-tis	terrē-bi-tis	audī-ē-tis	mitt-ē-tis	capi-ē-tis
vocā-bu-nt	terrē-bu-nt	audī-e-nt	mitt-e-nt	capi-e-nt

Konjunktiv Aktiv

Präsens				
voce-m	terre-a-m	audi-a-m	mitt-a-m	capi-a-m
vocē-s	terre-ā-s	audi-ā-s	mitt-ā-s	capi-ā-s
voce-t	terre-a-t	audi-a-t	mitt-a-t	capi-a-t
vocē-mus	terre-ā-mus	audi-ā-mus	mitt-ā-mus	capi-ā-mus
vocē-tis	terre-ā-tis	audi-ā-tis	mitt-ā-tis	capi-ā-tis
voce-nt	terre-a-nt	audi-a-nt	mitt-a-nt	capi-a-nt
Imperfekt				
vocā-re-m	terrē-re-m	audī-re-m	mitte-re-m	cape-re-m
vocā-rē-s	terrē-rē-s	audī-rē-s	mitte-rē-s	cape-rē-s
vocā-re-t	terrē-re-t	audī-re-t	mitte-re-t	cape-re-t
vocā-rē-mus	terrē-rē-mus	audī-rē-mus	mitte-rē-mus	cape-rē-mus
vocā-rē-tis	terrē-rē-tis	audī-rē-tis	mitte-rē-tis	cape-rē-tis
vocā-re-nt	terrē-re-nt	audī-re-nt	mitte-re-nt	cape-re-nt

Weitere Aktiv-Formen

ā-Konjugation	ē-Konjugation	ī-Konjugation	konsonantische Konjugation	kons.Konjugation mit i-Erweiterung
Imperativ				
vocā vocā-te	terrē terrē-te	audī audī-te	mitt-e mitt-i-te	cape capi-te
Infinitiv der Gleichzeitigkeit				
vocā-re	terrē-re	audī-re	mitt-e-re	cape-re
Infinitiv der Nachzeitigkeit				
vocātūrum, am, um esse	terri-tūrum, am, um esse	audī-tūrum, am, um esse	miss-ūrum, am, um esse	capt-ūrum, am, um esse
Partizip der Gleichzeitigkeit				
vocā-ns, voca-ntis	terrē-ns, terre-ntis	audi-ēns, audi-entis	mitt-ēns, mitt-entis	capi-ēns, capi-entis
Partizip der Nachzeitigkeit				
vocā-tūrus, a, um	terri-tūrus, a, um	audī-tūrus, a, um	miss-ūrus, a, um	cap-tūrus, a, um
Gerundium				
voca-nd-ī	terre-nd-ī	audi-end-ī	mitt-end-ī	capi-end-ī

Indikativ Passiv

ā-Konjugation	ē-Konjugation	ī-Konjugation	konsonantische Konjugation	kons. Konjugation mit i-Erweiterung
Präsens				
voc-or	terre-or	audi-or	mitt-or	capi-or
vocā-ris	terrē-ris	audī-ris	mitt-e-ris	cap-e-ris
vocā-tur	terrē-tur	audī-tur	mitt-i-tur	cap-i-tur
vocā-mur	terrē-mur	audī-mur	mitt-i-mur	cap-i-mur
vocā-minī	terrē-minī	audī-minī	mitt-i-minī	cap-i-minī
voca-ntur	terre-ntur	audi-u-ntur	mitt-u-ntur	capi-u-ntur
Imperfekt				
vocā-ba-r	terrē-ba-r	audi-ēba-r	mitt-ēba-r	capi-ēba-r
vocā-bā-ris	terrē-bā-ris	audi-ēbā-ris	mitt-ēbā-ris	capi-ēbā-ris
vocā-bā-tur	terrē-bā-tur	audi-ēbā-tur	mitt-ēbā-tur	capi-ēbā-tur
vocā-bā-mur	terrē-bā-mur	audi-ēbā-mur	mitt-ēbā-mur	capi-ēbā-mur
vocā-bā-minī	terrē-bā-minī	audi-ēbā-minī	mitt-ēbā-minī	capi-ēbā-minī
vocā-ba-ntur	terrē-ba-ntur	audi-ēba-ntur	mitt-ēba-ntur	capi-ēba-ntur
Futur 1				
vocā-b-or	terrē-b-or	audi-a-r	mitt-a-r	capi-a-r
vocā-be-ris	terrē-be-ris	audi-ē-ris	mitt-ē-ris	capi-ē-ris
vocā-bi-tur	terrē-bi-tur	audi-ē-tur	mitt-ē-tur	capi-ē-tur
vocā-bi-mur	terrē-bi-mur	audi-ē-mur	mitt-ē-mur	capi-ē-mur
vocā-bi-minī	terrē-bi-minī	audi-ē-minī	mitt-ē -minī	capi-ē-minī
vocā-bu-ntur	terrē-bu-ntur	audi-e-ntur	mitt-e-ntur	capi-e-ntur

Konjunktiv Passiv

ā-Konjugation	ē-Konjugation	ī-Konjugation	konsonantische Konjugation	kons. Konjugation mit i-Erweiterung
Präsens				
voce-r	terre-a-r	audi-a-r	mitt-a-r	capi-a-r
vocē-ris	terre-ā-ris	audi-ā-ris	mitt-ā-ris	capi-ā-ris
vocē-tur	terre-ā-tur	audi-ā-tur	mitt-ā-tur	capi-ā-tur
vocē-mur	terre-ā-mur	audi-ā-mur	mitt-ā-mur	capi-ā-mur
vocē-minī	terre-ā-minī	audi-ā-minī	mitt-ā-minī	capi-ā-minī
voce-ntur	terre-a-ntur	audi-a-ntur	mitt-a-ntur	capi-a-ntur
Imperfekt				
vocā-re-r	terrē-re-r	audī-re-r	mitte-re-r	cape-re-r
vocā-rē-ris	terrē-rē-ris	audī-rē-ris	mitte-rē-ris	cape-rē-ris
vocā-rē-tur	terrē-rē-tur	audī-rē-tur	mitte-rē-tur	cape-rē-tur
vocā-rē-mur	terrē-rē-mur	audī-rē-mur	mitte-rē-mur	cape-rē-mur
vocā-rē-minī	terrē-rē-minī	audī-rē-minī	mitte-rē-minī	cape-rē-minī
vocā-re-ntur	terrē-re-ntur	audī-re-ntur	mitte-re-ntur	cape-re-ntur

Weitere Passiv-Formen

ā-Konjugation	ē-Konjugation	ī-Konjugation	konsonantische Konjugation	kons. Konjugation mit i-Erweiterung
Infinitiv der Gleichzeitigkeit				
vocā-rī	terrē-rī	audī-rī	mitt-ī	capī
Gerundivum				
voca-nd-us, a, um	terre-nd-us, a, um	audi-end-us, a, um	mitt-end-us, a, um	capi-end-us, a, um

Formen des Perfektstammes

Indikativ Aktiv

ā-Konjugation	ē-Konjugation	ī-Konjugation	konsonantische Konjugation	kons. Konjugation mit i-Erweiterung
Perfekt				
vocāv-ī	terru-ī	audīv-ī	mīs-ī	cēp-ī
vocāv-istī	terru-istī	audīv-istī	mīs-istī	cēp-istī
vocāv-it	terru-it	audīv-it	mīs-it	cēp-it
vocāv-imus	terru-imus	audīv-imus	mīs-imus	cēp-imus
vocāv-istis	terru-istis	audīv-istis	mīs-istis	cēp-istis
vocāv-ērunt	terru-ērunt	audīv-ērunt	mīs-ērunt	cēp-ērunt
Plusquamperfekt				
vocāv-era-m	terru-era-m	audīv-era-m	mīs-era-m	cēp-era-m
vocāv-erā-s	terru-erā-s	audīv-erā-s	mīs-erā-s	cēp-erā-s
vocāv-era-t	terru-era-t	audīv-era-t	mīs-era-t	cēp-era-t
vocāv-erā-mus	terru-erā-mus	audīv-erā-mus	mīs-erā-mus	cēp-erā-mus
vocāv-erā-tis	terru-erā-tis	audīv-erā-tis	mīs-erā-tis	cēp-erā-tis
vocāv-era-nt	terru-era-nt	audīv-era-nt	mīs-era-nt	cēp-era-nt
Futur 2				
vocāv-er-ō	terru-er-ō	audīv-er-ō	mīs-er-ō	cēp-er-ō
vocāv-eri-s	terru-eri-s	audīv-eri-s	mīs-eri-s	cēp-eri-s
vocāv-eri-t	terru-eri-t	audīv-eri-t	mīs-eri-t	cēp-eri-t
vocāv-eri-mus	terru-eri-mus	audīv-eri-mus	mīs-eri-mus	cēp-eri-mus
vocāv-eri-tis	terru-eri-tis	audīv-eri-tis	mīs-eri-tis	cēp-eri-tis
vocāv-eri-nt	terru-eri-nt	audīv-eri-nt	mīs-eri-nt	cēp-eri-nt

Konjunktiv Aktiv

Perfekt				
vocāv-eri-m	terru-eri-m	audīv-eri-m	mīs-eri-m	cēp-eri-m
vocāv-eri-s	terru-eri-s	audīv-eri-s	mīs-eri-s	cēp-eri-s
vocāv-eri-t	terru-eri-t	audīv-eri-t	mīs-eri-t	cēp-eri-t
vocāv-eri-mus	terru-eri-mus	audīv-eri-mus	mīs-eri-mus	cēp-eri-mus
vocāv-eri-tis	terru-eri-tis	audīv-eri-tis	mīs-eri-tis	cēp-eri-tis
vocāv-eri-nt	terru-eri-nt	audīv-eri-nt	mīs-eri-nt	cēp-eri-nt
Plusquamperfekt				
vocāv-isse-m	terru-isse-m	audīv-isse-m	mīs-isse-m	cēp-isse-m
vocāv-issē-s	terru-issē-s	audīv-issē-s	mīs-issē-s	cēp-issē-s
vocāv-isse-t	terru-isse-t	audīv-isse-t	mīs-isse-t	cēp-isse-t
vocāv-issē-mus	terru-issē-mus	audīv-issē-mus	mīs-issē-mus	cēp-issē-mus
vocāv-issē-tis	terru-issē-tis	audīv-issē-tis	mīs-issē-tis	cēp-issē-tis
vocāv-isse-nt	terru-isse-nt	audīv-isse-nt	mīs-isse-nt	cēp-isse-nt

Weitere Aktiv-Formen

ā-Konjugation	ē-Konjugation	ī-Konjugation	konsonantische Konjugation	kons. Konjugation mit i-Erweiterung
Infinitiv der Vorzeitigkeit				
vocāv-isse	terru-isse	audīv-isse	mīs-isse	cēp-isse

Indikativ Passiv (hier nur 1. Person Singular m.)

ā-Konjugation	ē-Konjugation	ī-Konjugation	konsonantische Konjugation	kons. Konjugation mit i-Erweiterung
Perfekt				
vocātus sum	territus sum	audītus sum	missus sum	captus sum
Plusquamperfekt				
vocātus eram	territus eram	audītus eram	missus eram	captus eram
Futur 2				
vocātus erō	territus erō	audītus erō	missus erō	captus erō

Konjunktiv Passiv

Perfekt				
vocātus sim	territus sim	audītus sim	missus sim	captus sim
Plusquamperfekt				
vocātus essem	territus essem	audītus essem	missus essem	captus essem

Weitere Passiv-Formen

Infinitiv der Vorzeitigkeit				
vocātum, am, um esse	territum, am, um esse	audītum, am, um esse	missum, am, um esse	captum, am, um esse
Partizip der Vorzeitigkeit				
vocātus, a, um	territus, a, um	audītus, a, um	missus, a, um	captus, a, um

Verben mit Besonderheiten bei der Konjugation

esse: sein

Präsens	Imperfekt	Futur 1	Perfekt	Plusquamperfekt	Futur 2
Indikativ					
sum	eram	erō	fuī	fueram	fuerō
es	erās	eris	fuistī	fuerās	fueris
est	erat	erit	fuit	fuerat	fuerit
sumus	erāmus	erimus	fuimus	fuerāmus	fuerimus
estis	erātis	eritis	fuistis	fuerātis	fueritis
sunt	erant	erunt	fuērunt	fuerant	fuerint
Konjunktiv					
sim	essem		fuerim	fuissem	
sīs	essēs		fueris	fuissēs	
sit	esset		fuerit	fuisset	
sīmus	essēmus		fuerimus	fuissēmus	
sītis	essētis		fueritis	fuissētis	
sint	essent		fuerint	fuissent	
Infinitiv der Gleichzeitigkeit					
esse					
Infinitiv der Nachzeitigkeit					
futūrum, am, um esse (fore)					
Infinitiv der Vorzeitigkeit					
fuisse					
Imperativ					
es					
este					
Partizip der Nachzeitigkeit					
futūrus, a, um					

posse: können / prōdesse: nützen

	Indikativ		Konjunktiv	
Präsens	pos-sum pot-es pot-est pos-sumus pot-estis pos-sunt	prō-sum prōd-es prōd-est prō-sumus prōd-estis prō-sunt	pos-sim pos-sīs pos-sit pos-sīmus pos-sītis pos-sint	prō-sim prō-sīs prō-sit prō-sīmus prō-sītis prō-sint
Imperfekt	pot-eram pot-erās pot-erat pot-erāmus pot-erātis pot-erant	prōd-eram prōd-erās prōd-erat prōd-erāmus prōd-erātis prōd-erant	pos-sem pos-sēs pos-set pos-sēmus pos-sētis pos-sent	prōd-essem prōd-essēs prōd-esset prōd-essēmus prōd-essētis prōd-essent
Futur 1	pot-erō pot-eris pot-erit pot-erimus pot-eritis pot-erunt	prōd-erō prōd-eris prōd-erit prōd-erimus prōd-eritis prōd-erunt		
Imperativ		prōd-es prōd-este		
Perfekt	potu-ī potu-istī (usw.)	prō-fuī prō-fuistī (usw.)	potu-erim potu-eris (usw.)	prō-fuerim prō-fueris usw.)
Plusquam- perfekt	potu-eram potu-erās (usw.)	prō-fueram prō-fuerās (usw.)	potu-issem potu-issēs (usw.)	prō-fuissem prō-fuissēs (usw.)
Futur 2	potu-erō potu-eris (usw.)	prō-fuerō prō-fueris (usw.)		
Infinitiv der Gleichzeitigkeit				
	posse	prōd-esse		
Infinitiv der Vorzeitigkeit				
	potu-isse	prō-fuisse		

ferre: bringen, tragen; ertragen

Aktiv					
Präsens	Imperfekt	Futur 1	Perfekt	Plusquam-perfekt	Futur 2
Indikativ					
ferō	ferēbam	feram	tulī	tuleram	tulerō
fers	ferēbās	ferēs	tulistī	tulerās	tuleris
fert	ferēbat	feret	tulit	tulerat	tulerit
ferimus	ferēbāmus	ferēmus	tulimus	tulerāmus	tulerimus
fertis	ferēbātis	ferētis	tulistis	tulerātis	tuleritis
ferunt	ferēbant	ferent	tulērunt	tulerant	tulerint
Konjunktiv					
feram	ferrem		tulerim	tulissem	
ferās	ferrēs		tuleris	tulissēs	
ferat	ferret		tulerit	tulisset	
ferāmus	ferrēmus		tulerimus	tulissēmus	
ferātis	ferrētis		tuleritis	tulissētis	
ferant	ferrent		tulerint	tulissent	

Infinitiv der Gleichzeitigkeit
ferre

Infinitiv der Nachzeitigkeit
lātūrum, am, um esse

Infinitiv der Vorzeitigkeit
tulisse

Imperativ
fer
ferte

Partizip der Gleichzeitigkeit
ferēns, ferentis

Partizip der Nachzeitigkeit
lātūrus, a, um

Gerundium
ferendī

Passiv					
Präsens	Imperfekt	Futur 1	Perfekt	Plusquamperfekt	Futur 2
Indikativ					
ferror ferris fertur ferimur feriminī feruntur	ferēbar ferēbāris (usw.)	ferar ferēris (usw.)	lātus sum lātus es (usw.)	lātus eram lātus erās (usw.)	lātus erō lātus eris (usw.)
Konjunktiv					
ferar ferāris (usw.)	ferrer ferrēris (usw.)		lātus sim lātus sīs (usw.)	lātus essem lātus essēs (usw.)	
Infinitiv der Gleichzeitigkeit					
ferrī					
Infinitiv der Vorzeitigkeit					
lātūm, am, um esse					
Partizip der Vorzeitigkeit					
lātus, a, um					

īre: gehen

Präsens	Imperfekt	Futur 1	Perfekt	Plusquamperfekt	Futur 2
Indikativ					
eō	ībam	ībō	iī	ieram	ierō
īs	ībās	ībis	īstī (iistī)	ierās	ieris
it	ībat	ībit	iit	ierat	ierit
īmus	ībāmus	ībimus	iimus	ierāmus	ierimus
ītis	ībātis	ībitis	īstis (iistis)	ierātis	ieritis
eunt	ībant	ībunt	iērunt	ierant	ierint
Konjunktiv					
eam	īrem		ierim	īssem	
eās	īrēs		ieris	īssēs	
eat	īret		ierit	īsset	
eāmus	īrēmus		ierimus	īssēmus	
eātis	īrētis		ieritis	īssētis	
eant	īrent		ierint	īssent	
Infinitiv der Gleichzeitigkeit					
īre					
Infinitiv der Nachzeitigkeit					
itūrum, am, um esse					
Infinitiv der Vorzeitigkeit					
īsse (iisse)					
Imperative					
ī					
īte					
Partizip der Gleichzeitigkeit					
iēns, euntis					
Partizip der Nachzeitigkeit					
itūrus, a, um					
Gerundium					
eundī					

velle: wollen / nōlle: nicht wollen / mālle: lieber wollen

Indikativ	Präsens	volō	nōlō	mālō
		vīs	nōn vīs	māvīs
		vult	nōn vult	māvult
		volumus	nōlumus	mālumus
		vultis	nōn vultis	māvultis
		volunt	nōlunt	mālunt
	Imperfekt	volēbam	nōlēbam	mālēbam
		volēbās	nōlēbās	mālēbās
		(usw.)	(usw.)	(usw.)
	Pefekt	voluī	nōluī	māluī
		voluistī	nōluistī	māluistī
		(usw.)	(usw.)	(usw.)
	Plusquamperfekt	volueram	nōlueram	mālueram
		voluerās	nōluerās	māluerās
		(usw.)	(usw.)	(usw.)
	Futur	volam	nōlam	mālam
		volēs	nōlēs	mālēs
		(usw.)	(usw.)	(usw.)
Konjunktiv	Präsens	velim	nōlim	mālim
		velīs	nōlīs	mālīs
		velit	nōlit	mālit
		velīmus	nōlīmus	mālīmus
		velītis	nōlītis	mālītis
		velint	nōlint	mālint
	Imperfekt	vellem	nōllem	māllem
		vellēs	nōllēs	māllēs
		(usw.)	(usw.)	(usw.)
Infinitiv	der Gleichzeitigkeit	velle	nōlle	mālle
	der Vorzeitigkeit	voluisse	nōluisse	māluisse
Imperativ			nōlī	
			nōlīte	
Partizip	der Gleichzeitigkeit	volēns,	nōlēns,	
		volentis	nōlentis	

Stammformen

abdūcere	abdūcō	abdūxī	abductum	entführen
accēdere	accēdō	accēssī	accessum	herankommen, sich nähern
accendere	accendō	accendī	accēnsum	anzünden, entzünden, entflammen
accidere	accidō	accidī	–	vorfallen, sich ereignen
accipere	accipiō	accēpī	acceptum	annehmen, empfangen
addcre	addō	addidī	additum	hinzutun; hinzufügen
adicere	adiciō	adiēcī	adiectum	hinzufügen
adimere	adimō	adēmī	ademptum	wegnehmen; an sich nehmen
adipīscī	adipīscor	adeptus sum		erlangen, erreichen, bekommen
adiuvāre	adiuvō	adiūvī	adiūtum	unterstützen; helfen
admonēre	admoneō	admonuī	admonitum	erinnern; ermahnen; warnen
advenīre	adveniō	advēnī	adventum	ankommen, sich nähern
afferre	afferō	attulī	allātum	herbeibringen
afficere	afficiō	affēcī	affectum m. Abl.	*mit etw.* versehen
agere	agō	ēgī	āctum	tun; machen; treiben; betreiben
alere	alō	aluī	altum	ernähren
āmittere	āmittō	āmīsī	āmissum	verlieren
animadvertere	animadvertō	animadvertī	animadversum	bemerken; tadeln; bestrafen
aperīre	aperiō	aperuī	apertum	öffnen
appārēre	appāreō	appāruī	–	erscheinen
arripere	arripiō	arripuī	arreptum	an sich reißen, ergreifen
ascendere	ascendō	ascendī	ascēnsum	hinaufsteigen
auferre	auferō	abstulī	ablātum	wegtragen, wegschaffen
augēre	augeō	auxī	auctum	vermehren, vergrößern
āvertere	āvertō	āvertī	āversum	abwenden, abkehren
bibere	bibō	bibī	–	trinken
caedere	caedō	cecīdī	caesum	fällen; töten
capere	capiō	cēpī	captum	fassen, fangen

carēre	careō	caruī	– *m. Abl.*	entbehren
cēnsēre	cēnseō	cēnsuī	cēnsum	meinen
cernere	cernō	crēvī	crētum	wahrnehmen, entscheiden
cōgere	cōgō	coēgī	coāctum	zusammentreiben; zwingen
cōgnōscere	cōgnōscō	(cōg)nōvī	cōgnitum	erfahren; kennen lernen
colere	colō	coluī	cultum	bebauen, pflegen, verehren
committere	committō	commīsī	commissum	veranstalten; anvertrauen
commovēre	commoveō	commōvī	commōtum	(innerlich) bewegen
concidere	concidō	concidī	–	niederstürzen; zusammenfallen
condere	condō	condidī	conditum	gründen
cōnficere	cōnficiō	cōnfēcī	cōnfectum	zustande bringen, vollenden; erschöpfen
cōnfitērī	cōnfiteor	cōnfessus sum		gestehen, bekennen
conquīrere	conquīrō	conquīsīvī	conquīsītum	aufspüren; zusammensuchen
cōnsentīre	cōnsentiō	cōnsēnsī	cōnsēnsum	übereinstimmen, einer Meinung sein
cōnsistere	cōnsistō	cōnstitī	–	Halt machen, stehen bleiben
cōnstāre	cōnstō	cōnstitī	–	kosten
cōnstat	cōnstitit			es ist bekannt, es steht fest
cōnstituere	cōnstituō	cōnstituī	cōnstitūtum	aufstellen, festsetzen, errichten
cōnstruere	cōnstruō	cōnstrūxī	cōnstrūctum	(er)bauen, errichten
cōnsulere	cōnsulō	cōnsuluī	cōnsultum	1. *m. Dat.:* sorgen für 2. *m. Akk.:* um Rat fragen 3. sich beraten
contemnere	contemnō	contempsī	contemptum	verachten, gering schätzen
contendere	contendō	contendī	contentum	sich anstrengen; behaupten; kämpfen; eilen
continēre	contineō	continuī	contentum	enthalten, umfassen
convenīre	conveniō	convēnī	conventum	zusammenkommen; treffen
convertere	convertō	convertī	conversum	umwenden, verändern; bekehren

convincere	convincō	convīcī	convictum	*eines Verbrechens* überführen
crēdere	crēdō	crēdidī	creditum	glauben, meinen; vertrauen
cupere	cupiō	cupīvī/cupiī	cupītum	wünschen, wollen
currere	currō	cucurrī	cursum	laufen
dare	dō	dedī	datum	geben
decet *(von* decēre; nur Inf. und 3. Pers. Sg.)	decuit			es gehört sich; *m. Akk.:* es ziemt sich *für*
dēcipere	dēcipiō	dēcēpī	dēceptum	täuschen
dēdere	dēdō	dēdidī	dēditum	übergeben, ausliefern
dēfendere	dēfendō	dēfendī	dēfēnsum	abwehren, verteidigen
dēferre	dēferō	dētulī	dēlātum	überbringen; anzeigen
dēficere	dēficiō	dēfēcī	dēfectum	abnehmen, mangeln, ausbleiben
dēlēre	dēleō	dēlēvī	dēlētum	zerstören
dēpellere	dēpellō	dēpulī	dēpulsum	vertreiben
dēscendere	dēscendō	dēscendī	dēscēnsum	herabsteigen
dēserere	dēserō	dēseruī	dēsertum	verlassen, im Stich lassen
dēsinere	dēsinō	dēsiī	dēsitum	aufhören
dētinēre	dētineō	dētinuī	dētentum	abhalten
dētrahere	dētrahō	dētrāxī	dētractum	wegziehen, -nehmen
dīcere	dīcō	dīxī	dictum	sagen
differre	differō	distulī	dīlātum	verbreiten; *einen Termin* verschieben; *(nur im Präsensstamm:)* verschieden sein
dīligere	dīligō	dīlēxī	dīlēctum	schätzen, lieben
dīmittere	dīmittō	dīmīsī	dīmissum	entlassen, fortschicken
discēdere	discēdō	discessī	discessum	weggehen
dispōnere	dispōnō	disposuī	dispositum	verteilen, ordnen, anlegen
distāre ab	distō	–	–	entfernt sein von; sich unterscheiden von
docēre	doceō	docuī	doctum	lehren
dolēre	doleō	doluī	–	Schmerz empfinden; traurig sein; bedauern
dūcere	dūcō	dūxī	ductum	führen

efficere	efficiō	effēcī	effectum	bewirken, hervorbringen
effugere	effugiō	effūgī	–	(ent)fliehen
egēre	egeō	eguī	– *m. Abl.*	entbehren; nötig haben
exercēre	exerceō	exercuī	exercitum	üben
exhaurīre	exhauriō	exhausī	exhaustum	ausschöpfen, leeren
exigere	exigō	exēgī	exāctum	fordern; ausführen, vollenden
expellere	expellō	expulī	expulsum	vertreiben
expōnere	expōnō	exposuī	expositum	darlegen; erklären
exstruere	exstruō	exstrūxī	exstrūctum	aufbauen, errichten
facere	faciō	fēcī	factum	machen, tun, herstellen
fallere	fallō	fefellī	dēceptum	täuschen, betrügen
ferre	ferō	tulī	lātum	bringen, tragen; ertragen
fierī	fīō	factus sum		werden; geschehen; gemacht werden
flēre	fleō	flēvī	flētum	weinen
fundere	fundō	fūdī	fūsum	ausgießen, zerstreuen
gaudēre	gaudeō	gāvīsus sum		sich freuen
gemere	gemō	gemuī	gemitum	seufzen; stöhnen
gerere	gerō	gessī	gestum	tragen; (aus)führen
gignere	gignō	genuī	genitum	erzeugen, hervorbringen
gradī	gradior	gressus sum		(be)schreiten
habēre	habeō	habuī	habitum	haben, halten
implēre	impleō	implēvī	implētum	erfüllen
impōnere	impōnō	imposuī	impositum	auf etw. setzen, stellen, legen
incēdere	incēdō	incessī	incessum	einhergehen; eindringen
incendere	incendō	incendī	incēnsum	anzünden, in Brand stecken
incipere	incipiō	coepī	coeptum	anfangen, beginnen
īnferre	īnferō	intulī	illātum	hineintragen, zufügen
īnscrībere	īnscrībō	īnscrīpsī	īnscrīptum	mit einer Inschrift versehen, betiteln
īnstruere	īnstruō	īnstrūxī	īnstrūctum	unterrichten, unterweisen
intellegere	intellegō	intellēxī	intellēctum	erkennen; verstehen, einsehen
interficere	interficiō	interfēcī	interfectum	töten

invādere	invādō	invāsī	invāsum	eindringen, einfallen, angreifen
invenīre	inveniō	invēnī	inventum	finden
iubēre	iubeō	iussī	iussum	beauftragen, befehlen
latēre	lateō	latuī	–	verborgen sein
lavāre	lavō	lāvī	lautum/ lavātum	waschen
lavārī	lāvor	lautus/ lavātus sum		sich waschen, baden
legere	legō	lēgī	lēctum	lesen
loquī	loquor	locūtus sum		reden, sprechen
lūcēre	lūceō	lūxī	–	leuchten, scheinen
maledīcere	maledīcō	maledīxī	maledictum *m. Dat.*	*jdn.* schmähen, beleidigen
mālle	mālō	māluī	–	lieber wollen
manēre	maneō	mānsī	mānsum	bleiben
mētīrī	mētior	mēnsus sum		abmessen
mittere	mittō	mīsī	missum	loslassen, schicken
monēre	moneō	monuī	monitum	erinnern; ermahnen; warnen
movēre	moveō	mōvī	mōtum	bewegen
nocēre	noceō	nocuī	nocitum	schaden
nōlle	nōlō	nōluī	–	nicht wollen
nūbere	nūbō	nūpsī	nūptum *m. Dat.*	*jdn.* heiraten *(von der Frau aus gesehen)*
obīre	obeō	obiī	obitum	entgegengehen
oblīvīscī	oblīviscor	oblītus sum	*m. Akk. od. Gen.*	*etw.* vergessen
obsīdere	obsīdō	obsēdī	obsessum	besetzen
obstringere	obstringō	obstrīnxī	obstrictum	verpflichten
obtinēre	obtineō	obtinuī	obtentum	erhalten, bekommen
occidere	occidō	occidī	occāsum	untergehen; sterben
offendere	offendō	offendī	offēnsum	verletzen, beleidigen
offerre	offerō	obtulī	oblātum	anbieten
oportet	oportuit	*(Inf.:* oportēre)		es ist nötig

opprimere	opprimō	oppressī	oppressum	überfallen; niederdrücken
pārēre	pāreō	pāruī	–	gehorchen
parere	pariō	peperī	partum	hervorbringen, erzeugen
perdere	perdō	perdidī	perditum	zugrunde richten, vernichten
pergere	pergō	perrēxī	perrēctum	fortfahren
perīre	pereō	periī	–	zugrunde gehen
permittere	permittō	permīsī	permissum	erlauben, zulassen
pervenīre	perveniō	pervēnī	perventum	hinkommen, (hin)gelangen
petere	petō	petīvī/petiī	petītum	suchen, aufsuchen, erbitten
placēre	placeō	placuī	placitum	gefallen
pollicērī	polliceor	pollicitus sum		versprechen
pōnere	pōnō	posuī	positum	setzen, stellen, legen
poscere	poscō	poposcī	–	fordern
praebēre	praebeō	praebuī	praebitum	hinreichen, darreichen
praeferre	praeferō	praetulī	praelātum	(nach außen hin) zeigen
praeficere	praeficiō	praefēcī	praefectum *m. Dat.*	an die Spitze stellen
premere	premō	pressī	pressum	drücken, drängen
prōdesse	prōsum	prōfuī		nützen
prohibēre	prohibeō	prohibuī	prohibitum	verhindern
prōmittere	prōmittō	prōmīsī	prōmissum	versprechen
prōpōnere	prōpōnō	prōposuī	prōpositum	ausstellen; vorschlagen; vorlegen
quaerere	quaerō	quaesīvī	quaesītum	suchen; fragen nach
querī	queror	questus sum		sich beklagen
quiēscere	quiēscō	quiēvī	quiētum	ruhen
rādere	rādō	rāsī	rāsum	rasieren
rapere	rapiō	rapuī	raptum	eilig ergreifen; rauben
recēdere	recēdō	recessī	recessum	zurückweichen; sich zurückziehen
reddere	reddō	reddidī	redditum	zurückgeben
redūcere	redūcō	redūxī	reductum	zurückführen
referre	referō	rettulī	relātum	bringen, berichten

relinquere	relinquō	relīquī	relictum	verlassen; zurücklassen
repellere	repellō	reppulī	repulsum	zurückschlagen
reperīre	reperiō	repperī	repertum	finden, entdecken
repōnere	repōnō	reposuī	repositum	zurückbringen, -stellen
requiēscere	requiēscō	requiēvī	requiētum	sich ausruhen
respondēre	respondeō	respondī	respōnsum	antworten; Bescheid geben
restāre	restō	restitī	–	übrig bleiben
retinēre	retineō	retinuī	retentum	zurückhalten
revertī	revertor	revertī	–	zurückkehren
rīdēre	rīdeō	rīsī	rīsum	lachen
sapere	sapiō	sapīvī/sapiī	–	weise/klug sein, seinen Verstand gebrauchen
scīre	sciō	scīvī/sciī	scītum	wissen
scrībere	scrībō	scrīpsī	scrīptum	schreiben
sequī	sequor	secūtus sum	*m. Akk.*	folgen
servīre	serviō	–	–	dienen, Sklave sein
solēre	soleō	solitus sum		pflegen, gewohnt sein
stringere	stringō	strīnxī	strictum	eine Waffe ziehen, zücken
subicere	subiciō	subiēcī	subiectum	unterwerfen
subīre	subeō	subiī	subitum	unter etw. gehen, auf sich nehmen
superesse	supersum	superfuī	–	übrig sein; überleben; (reichlich) vorhanden sein
tegere	tegō	tēxī	tēctum	(be)decken
terrēre	terreō	terruī	territum	erschrecken
timēre	timeō	timuī	–	fürchten
tollere	tollō	sustulī	sublātum	auf-, emporheben; beseitigen
tondēre	tondeō	totondī	tōnsum	scheren, abrasieren
trādere	trādō	trādidī	trāditum	übergeben, anvertrauen; überliefern
trahere	trahō	trāxī	tractum	ziehen; schleppen
trānsīre	trānseō	trānsiī	trānsitum	(hin)übergehen; überschreiten
ūtī	ūtor	ūsus sum	*m. Abl.*	benutzen, gebrauchen

velle	volō	voluī	–	wollen
vendere	vendō	vendidī	venditum	verkaufen
venīre	veniō	vēnī	ventum	kommen
verērī	vereor	veritus sum		fürchten
vidēre	videō	vīdī	vīsum	sehen
vidērī	videor	vīsus sum		scheinen
vincere	vincō	vīcī	victum	(be)siegen
vīvere	vīvō	vīxī	–	leben

Perfektstämme

(1. Person) Perfekt Aktiv	Infinitiv Präsens Aktiv	(1. Person) Perfekt Aktiv	Infinitiv Präsens Aktiv
abdūxī	abdūcere	commīsī	committere
abstulī	auferre	commōvī	commovēre
accendī	accendere	concidī	concidere
accēpī	accipere	condidī	condere
accessī	accēdere	cōnfēcī	cōnficere
accidī	accidere	cōnfessus sum	cōnfitērī
addidī	addere	conquīsīvī	conquīrere
adēmī	adimere	cōnsēnsī	cōnsentīre
adeptus sum	adipīscī	cōnstitī	cōnsistere
adiēcī	adicere	cōnstitī	cōnstāre
adiūvī	adiuvāre	cōnstitit	cōnstāre
admonuī	admonēre	cōnstituī	cōnstituere
advēnī	advenīre	cōnstrūxī	cōnstruere
affēcī	afficere	cōnsuluī	cōnsulere
aluī	alere	contempsī	contemnere
āmīsī	āmittere	contendī	contendere
animadvertī	animadvertere	continuī	continēre
aperuī	aperīre	convēnī	convenīre
appāruī	appārēre	convertī	convertere
arripuī	arripere	convīcī	convincere
ascendī	ascendere	crēdidī	crēdere
attulī	afferre	crēvī	cernere
auxī	augēre	cucurrī	currere
āvertī	āvertere	cupiī	cupere
bibī	bibere	cupīvī	cupere
caruī	carēre	dēcēpī	dēcipere
cecīdī	caedere	decuit	decēre
cēnsuī	cēnsēre	dedī	dare
cēpī	capere	dēdidī	dēdere
coēgī	cōgere	dēfēcī	dēficere
coepī	incipere	dēfendī	dēfendere
cōgnōvī	cōgnōscere	dēlēvī	dēlēre
coluī	colere	dēpulī	dēpellere

(1. Person) Perfekt Aktiv	Infinitiv Präsens Aktiv	(1. Person) Perfekt Aktiv	Infinitiv Präsens Aktiv
dēscendī	dēscendere	imposuī	impōnere
dēseruī	dēserere	incendī	incendere
dēsiī	dēsinere	incessī	incēdere
dētinuī	dētinēre	īnscrīpsī	īnscrībere
dētrāxī	dētrahere	īnstrūxī	īnstruere
dētulī	dēferre	intellēxī	intellegere
dīlēxī	dīligere	interfēcī	interficere
dīmīsī	dīmittere	intulī	īnferre
discessī	discēdere	invāsī	invādere
disposuī	dispōnere	invēnī	invenīre
distulī	differre	iussī	iubēre
dīxī	dīcere	latuī	latēre
docuī	docēre	lautus sum	lavārī
doluī	dolēre	lavātus sum	lavārī
dūxī	dūcere	lāvī	lavāre
effēcī	efficere	lēgī	legere
effūgī	effugere	locūtus sum	loquī
ēgī	agere	lūxī	lūcēre
eguī	egēre	maledīxī	maledīcere
exēgī	exigere	māluī	mālle
exercuī	exercēre	mānsī	manēre
exposuī	expōnere	mēnsus sum	mētīrī
expulī	expellere	mīsī	mittere
exstrūxī	exstruere	monuī	monēre
factus sum	fierī	mōvī	movēre
fēcī	facere	nocuī	nocēre
fefellī	fallere	nōluī	nōlle
flēvī	flēre	nōvī	cōgnōscere
fūdī	fundere	nūpsī	nūbere
gāvīsus sum	gaudēre	obiī	obīre
gemuī	gemere	oblītus sum	oblīvīscī
genuī	gignere	obsēdī	obsīdere
gessī	gerere	obstrīnxī	obstringere
gressus sum	gradī	obtinuī	obtinēre
habuī	habēre	obtulī	offerre
exhausī	exhaurīre	occidī	occidere
implēvī	implēre	offendī	offendere

(1. Person) **Perfekt Aktiv**	**Infinitiv** **Präsens Aktiv**	(1. Person) **Perfekt Aktiv**	**Infinitiv** **Präsens Aktiv**
oportuit	oportēre	reppulī	repellere
oppressī	opprimere	requiēvī	requiēscere
pāruī	pārēre	respondī	respondēre
peperī	parere	restitī	restāre
perdidī	perdere	retinuī	retinēre
periī	perīre	rettulī	referre
permīsī	permittere	revertī	revertī
perrēxī	pergere	rīsī	rīdēre
pervēnī	pervenīre	sapīvī/sapiī	sapere
petiī	petere	scīvī/sciī	scīre
petīvī	petere	scrīpsī	scrībere
placuī	placēre	secūtus sum	sequī
pollicitus sum	pollicērī	solitus sum	solēre
poposcī	poscere	strīnxī	stringere
posuī	pōnere	subiēcī	subicere
praebuī	praebēre	subiī	subīre
praefēcī	praeficere	superfuī	superesse
praetulī	praeferre	sustulī	tollere
pressī	premere	terruī	terrēre
prōfuī	prōdesse	tēxī	tegere
prohibuī	prohibēre	timuī	timēre
prōmīsī	prōmittere	totondī	tondēre
prōposuī	prōpōnere	trādidī	trādere
quaesīvī	quaerere	trānsiī	trānsīre
questus sum	querī	trāxī	trahere
quiēvī	quiēscere	tulī	ferre
rādī	rādere	ūsus sum	ūtī
rapuī	rapere	vendidī	vendere
recessī	recēdere	vēnī	venīre
reddidī	reddere	veritus sum	verērī
redūxī	redūcere	vīcī	vincere
relīquī	relinquere	vīdī	vidēre
reposuī	repōnere	vīsus sum	vidērī
repperī	reperīre	vīxī	vīvere
		voluī	velle

Grammatische Begriffe

a-Deklination	Gruppe der Nomina, deren Ablativ Singular auf -a endet (z. B. fabula)
a-Konjugation	Gruppe der Verben, deren Stamm auf -a endet (z. B. lauda-re)
Ablativ	5. Fall im Lateinischen, meist für adverbiale Bestimmungen gebraucht
ablativus absolutus	Wortblock, bestehend aus einem Nomen im Ablativ und einem Partizip im Ablativ (KNG-Kongruenz)
ablativus causae	Ablativ des Grundes
ablativus comparationis	Ablativ des Vergleichs
ablativus instrumenti	Ablativ des Mittels/Werkzeugs
ablativus limitationis	Ablativ der Beziehung
ablativus loci	Ablativ des Ortes
ablativus mensurae	Ablativ des Maßes
ablativus modi	Ablativ der Art und Weise
ablativus pretii	Ablativ des Wertes
ablativus qualitatis	Ablativ der Eigenschaft
ablativus separativus	Ablativ der Trennung
ablativus sociativus	Ablativ der Begleitung
ablativus temporis	Ablativ der Zeit
aci	Akkusativ mit Infinitiv
Adjektiv	Eigenschaftswort, Wie-Wort
adjektivisches Interrogativpronomen	Fragewort, das sich wie ein Adjektiv an sein Beziehungswort angleicht (z. B. welcher?, welche?, welches?)
Adverb	Umstandswort
adverbiale Bestimmung	Umstandsbestimmung (Satzglied), bestimmt das Prädikat näher
adverbialer Gliedsatz	Gliedsatz, füllt die Satzstelle adverbiale Bestimmung
Akkusativ	4. Fall (Wen-Fall)
Akkusativ der Ausdehnung	Akkusativ, der ein zeitliches oder räumliches Maß angibt
Aktiv	Tätigkeitsform des Verbs (Gegensatz zu Passiv)
Alliteration	Stilmittel: Zwei oder mehr aufeinander folgende Wörter beginnen mit demselben Vokal oder Konsonanten.
Anapher	Stilmittel: Wiederholung eines Wortes zu Beginn eines Satzes oder einer Wortgruppe
Antithese	Stilmittel: Gegensatz
Apposition	nähere Bestimmung durch ein Substantiv im gleichen Kasus (z. B. an Atticus, seinen Freund)
Artikel	Geschlechtswort (z. B. der, die, das)
Attribut	Satzglied: Beifügung zu einem Substantiv
Attributivsatz	Gliedsatz, füllt die Satzstelle Attribut
Chiasmus	Stilmittel: Zwei Wortgruppen sind spiegelbildlich angeordnet.

coniugatio periphrastica activa	Partizip der Nachzeitigkeit in Verbindung mit esse: bezeichnet die unmittelbar bevorstehende Zukunft
coniunctivus adhortativus	Konjunktiv, der eine Aufforderung bezeichnet
coniunctivus deliberativus/dubitativus	Konjunktiv, der eine Überlegung oder einen Zweifel ausdrückt
coniunctivus iussivus	Konjunktiv, der einen Befehl bezeichnet
coniunctivus optativus	Konjunktiv, der einen Wunsch ausdrückt
coniunctivus prohibitivus	Konjunktiv, der ein an die 2. Person gerichtetes Verbot bezeichnet (ne mit Konjunktiv Perfekt)
consecutio temporum	Zeitenfolge in konjunktivischen Satzgefügen
Dativ	3. Fall (Wem-Fall)
dativus auctoris	Dativ des Urhebers
dativus commodi	Dativ des Vorteils
dativus finalis	Dativ des Zwecks
dativus possessivus	Dativ des Besitzers
Dehnungsperfekt	Bildeweise des Perfekts, bei der der Stammvokal gedehnt wird
Deklination	Gruppe, zu der ein Nomen gehört
deklinieren	Nomina beugen, d.h. in die verschiedenen Fälle setzen
Demonstrativpronomen	hinweisendes Fürwort (z.B. dieser, diese, dieses; jener, jene, jenes)
Deponens	Verb mit passiven Formen, die aktivisch übersetzt werden
dreiendiges Adjektiv	Adjektiv, das im Nominativ Singular für jedes Genus eine eigene Endung hat
durativ	die Dauer bezeichnend
e-Deklination	Gruppe der Nomina, deren Ablativ Singular auf -e endet (z.B. res)
e-Konjugaton	Gruppe der Verben, deren Stamm auf -e endet (z.B. terre-re)
einendiges Adjektiv	Adjektiv, das im Nominativ Singular für alle drei Genera nur eine Form hat
Elativ	Superlativ, der nicht die Höchststufe, sondern nur eine sehr hohe Stufe bezeichnet (Übersetzung mit sehr/besonders o. Ä.)
Ellipse	Stilmittel: Das Prädikat wird ausgelassen.
feminin	weiblich
flektieren	beugen
Futur	Zukunft; Futur 1: einfache Zukunft; Futur 2: vollendete Zukunft, vorzeitig zu einem Futur 1
gemischte Deklination	Gruppe der Substantive, die den Genitiv Plural auf -ium bilden, in allen anderen Kasus aber die Endungen der konsonantischen Deklination aufweisen (z.B. urbs)
Genitiv	2. Fall (Wes-Fall)
genitivus explicativus	Genitiv, der eine Erklärung bezeichnet
genitivus possessivus	Genitiv des Besitzers
genitivus obiectivus	Genitiv, der das logische Objekt bezeichnet

genitivus partitivus	Genitiv, der zu einer Teilmenge die Gesamtmenge angibt
genitivus subiectivus	Genitiv, der das logische Subjekt bezeichnet
Genus	Geschlecht (maskulin, feminin, Neutrum)
Genus verbi	Oberbegriff für Aktiv – Passiv
Gerundium	deklinierte Form des Infinitivs
Gerundivum	passives Adjektiv, das von einem Verb abgeleitet ist
Gliedsatz	Satz, der nicht selbstständig stehen kann, erkennbar an der Einleitung durch eine Subjunktion, ein Relativpronomen oder – wenn es sich um einen indirekten Fragesatz handelt – ein Interrogativpronomen
Hauptsatz	Satz, der selbstständig stehen kann
Hendiadyoin	Stilmittel: Zwei bedeutungsähnliche Begriffe werden nebeneinander gestellt.
Hiat	Aufeinandertreffen zweier Vokale
Hilfsverb	Verb, das einer Ergänzung bedarf, damit das Prädikat vollständig ist
i-Deklination	Gruppe der Nomina, deren Ablativ Singular auf -i endet (z.B. turris)
i-Konjugation	Gruppe der Verben, deren Stamm auf -i endet (z.B. audi-re)
Imperativ	Modus des Verbs: Befehlsform
Imperfekt	Vergangenheitstempus, das im Lateinischen die Dauer, Wiederholung oder den Versuch bezeichnet
imperfectum de conatu	Imperfekt, das den Versuch bezeichnet
Indefinitpronomen	unbestimmtes Fürwort (z.B. irgendeiner)
Indikativ	Modus des Verbs: Wirklichkeitsform
indirekter Fragesatz	abhängiger Fragesatz; Gliedsatz, der durch ein Verb des Fragens eingeleitet wird, sich aber nicht direkt an ein Gegenüber richtet (Gegensatz: direkte Frage)
Infinitiv	Grundform des Verbs
Interjektion	Ausrufewort (z.B. ach!, oh!)
Interrogativpronomen	Fragefürwort
intransitives Verb	Verb, das kein Akkusativobjekt haben kann
inversum	umgedreht
Ironie	Stilmittel: feiner, versteckter Spott
Irrealis	Konjunktiv, der einen als nichtwirklich oder als unmöglich dargestellten Sachverhalt bezeichnet
iterativ	eine ständige Wiederholung bezeichnend
Kasus	Fall
kausal	einen Grund bezeichnend
Klimax	Stilmittel: in der Bedeutung der Wörter liegende Steigerung
KNG-Kongruenz	Übereinstimmng in Kasus, Numerus und Genus
Komparation	Steigerung des Adjektivs oder Adverbs
Komparativ	1. Steigerungsstufe

komparativ	einen Vergleich bezeichnend
Kompositum	(mit einer Vorsilbe) zusammengesetztes Verb
konditional	eine Bedingung bezeichnend
Konjugation	Verbgruppe
konjugieren	ein Verb beugen (Person, Tempus, Genus verbi, Modus)
Konjunktion	Bindewort (z.B. und, aber, denn)
Konjunktiv	Modus des Verbs: Möglichkeitsform (Gegensatz zu Indikativ)
Konnektor	Verbindungswort (z.B. daher, denn)
konsekutiv	eine Folge bezeichnend
Konsonant	Mitlaut (Gegensatz zu Vokal/Selbstlaut; z.B. l, m, r)
konsonantische Deklination	Gruppe der Nomina, deren Stamm auf einen Konsonanten endet (z.B. consul)
konsonantische Konjugation	Gruppe der Verben, deren Stamm auf einen Konsonanten endet (z.B. ag-e-re)
konsonantische Konjugation mit i-Erweiterung	Gruppe der Verben, deren Stamm auf einen Konsonanten endet und die in einigen Formen ein zusätzliches i aufweisen (z.B. capere, capi-o)
konzessiv	einen Gegengrund oder eine Einschränkung bezeichnend
Kopula	Hilfsverb als Satzglied
Litotes	Stilmittel: doppelte Verneinung
Lokativ	Kasus, der bei Städtenamen eine Ortsangabe bezeichnet (z.B. Romae: in Rom)
maskulin	männlich
modal	die Art und Weise bezeichnend
Modus	Aussageform des Verbs (Indikativ, Imperativ, Konjunktiv)
Morphem	bedeutungtragendes sprachliches Zeichen
narrativum	erzählend
nci	Nominativ mit Infinitiv
Neutrum	sächlich
Nomen	Oberbegriff für die Wortarten Substantiv, Adjektiv und Pronomen
nominaler ablativus absolutus	ablativus absolutus, bei dem an die Stelle eines Partizips ein Nomen tritt
Nominativ	1. Fall (Wer-Fall)
Numerus	Anzahl (Oberbegriff für Singular – Plural)
o-Deklination	Gruppe der Nomina, deren Ablativ Singular auf -o endet (z.B. servus)
Objekt	Satzergänzung (Frage: »Wen/Was?«: Akkusativobjekt; Frage: »Wem?«: Dativobjekt)
Objektsakkusativ	Akkusativ im aci, der bei der Übersetzung mit einem dass-Satz zum Objekt wird
Objektsatz	Gliedsatz, der die Satzstelle Objekt füllt
oratio obliqua	indirekte Rede

Parallelismus	Stilmittel: Satzabschnitte, die sich entsprechen, stehen in der gleichen Reihenfolge.
participium coniunctum	verbundenes Partizip; gleicht sich an sein Beziehungswort in Kasus, Numerus und Genus an und bestimmt zugleich das Prädikat näher
Partikel	undeklinierbares Wort
Partizip	Mittelwort (z.B. Partizip der Vorzeitigkeit: gerufen; Partizip der Gleichzeitigkeit: rufend)
Passiv	Leideform des Verbs (z.B. ich werde gelobt)
Perfekt	lateinische Erzählzeit
Personalpronomen	persönliches Fürwort (z.B. ich, du …)
Plural	Mehrzahl
Plusquamperfekt	vollendete Vergangenheit, drückt die Vorzeitigkeit zu einer vergangenen Handlung aus
Positiv	Grundstufe des Adjektivs (bei der Steigerung)
Possessivpronomen	besitzanzeigendes Fürwort (z.B. mein, dein …)
Potentialis	Konjunktiv, der eine Möglichkeit bezeichnet
Prädikat	Satzaussage (Frage: »Was wird ausgesagt?«)
Prädikativum	Satzglied im lateinischen Satz, das sich an ein Beziehungswort angleicht und das Prädikat näher bestimmt; die Satzstelle kann durch ein Adjektiv, Partizip oder Substantiv gefüllt sein.
Prädikatsnomen	Satzglied: Ergänzung zur Kopula
Präfix	Vorsilbe
Präposition	Verhältniswort (z.B. in, an, auf, bei, wegen …)
Präsens	Gegenwart
Prohibitiv	Konjunktiv, der ein an die 2. Person gerichtetes Verbot bezeichnet (ne mit Konjunktiv Perfekt)
Pronomen	Fürwort, Stellvertreter
Pronominaladjektiv	Adjektiv, das wie einige Pronomina den Genitiv auf -ius und den Dativ auf -i bildet
Pronominaladverb	Pronomen, das die Satzstelle adverbiale Bestimmung füllt (z.B. dort, hierher …)
Realis	Indikativ im konditionalen Satzgefüge, der einen Sachverhalt als Tatsache hinstellt
Reduplikationsperfekt	Perfektbildung, bei der der Präsensstamm verdoppelt wird (z.B. dare, dedi)
reflexiv	rückbezüglich
Reflexivpronomen	rückbezügliches Fürwort (z.B. sich)
relativischer Anschluss	Am Anfang eines lateinischen Satzes steht ein Relativpronomen, das im Deutschen mit dem Demonstrativpronomen wiedergegeben wird.
Relativpronomen	bezügliches Fürwort, leitet einen Relativsatz ein (z.B. der, die, das; welcher, welcher, welches)
Relativsatz	Attributsatz, der durch ein Relativpronomen eingeleitet wird

rhetorische Frage	Stilmittel: Frage, auf die keine Antwort erwartet wird, weil die Erwiderung klar ist
Satzgefüge	besteht aus Haupt- und Gliedsatz/-sätzen
Satzreihe	Aufeinanderfolge von Hauptsätzen
Semantik	Bedeutung
semantische Funktion	Bedeutung im Satz
Semideponens	Verb, das in Präsens, Imperfekt und Futur 1 aktive Formen mit aktiver Bedeutung hat, sich aber in Perfekt und Plusquamperfekt wie ein Deponens verhält, oder umgekehrt
Simplex	nicht zusammengesetztes Verb
Singular	Einzahl
Stammperfekt	Bildeweise des Perfekts, bei der gegenüber dem Präsensstamm keine Veränderung eintritt
Subjekt	Satzgegenstand (Frage: »Wer?/Was?«)
Subjektsakkusativ	Akkusativ im aci, der bei der Übersetzung mit einem dass-Satz zum Subjekt wird
Subjunktion	unterordnendes Bindewort (z.B. da, weil, dass)
Substantiv	Haupt-/Namenwort
Suffix	Nachsilbe
Superlativ	2. (höchste) Steigerungsstufe
syntaktische Funktion	Aufgabe als Satzglied
temporal	zeitlich
Tempus	Zeit
transitives Verb	Verb, das ein Akkusativobjekt haben kann
Trikolon	Stilmittel: aus drei Gliedern bestehende Ausdrucksweise
u-Deklination	Gruppe von Substantiven, deren Ablativ Singular auf -u endet (z.B. metus)
Vollverb	Verb, das im Satz allein das Prädikat bilden kann (Gegensatz: Hilfsverb)
Verb	Zeit-/Tätigkeitwort
verba defectiva	Verben, die nur einen Teil der Formen bilden (z.B. odisse)
Vokal	Selbstlaut (a, e, i, o, u)
Vokativ	Kasus der Anrede
zweiendiges Adjektiv	Adjektiv, das im Nominativ Singular eine gemeinsame Endung für das Maskulinum und Femininum und eine gesonderte für das Neutrum hat

Index

Die Zahlen beziehen sich auf die Paragrafen der Grammatik.